ALEXANDER EMMERICH

Der Wilde Westen

MYTHOS UND GESCHICHTE

Weltbild

KANADA

Edmonton

Winnipegsee

Vancouver   Calgary   Winnipeg

Seattle
WASHINGTON   N. DAKOTA   MINNESOTA
1889   1889   1858
Columbia   MONTANA
Portland   1889

OREGON   IDAHO   WIS
1859   1890   S. DAKOTA   Minneapolis
Boise   Yellowstone   1889
WYOMING   Black Hills   IOWA
1890   1846
Sacramento   Carson City   Salt Lake City   NEBRASKA   Des Moin
San Francisco   NEVADA   UTAH   1867   Omaha
Yosemite   1864   1896   USA
KALIFORNIEN   Denver   Topeka   Kansas C
1850   Colorado   COLORADO   KANSAS   MISSC
Las Vegas   1876   Arkansas   1861   1821
Grand Canyon Monument Valley
Los Angeles   ARIZONA   NEW MEXICO   OKLAHOMA   Me
1912   1912   1907
San Diego   Phoenix   Santa Fé   Oklahoma City   ARKAN
1830

Dallas
LOUIS
TEXAS
1845
Austin   Houston   Ba
Ro

Pazifischer
Ozean   Rio Grande

MEXIKO

Tampico

MASSACHUSETTS Gründungsstaaten der USA 1776   Guadalajara
1912 Jahr der Aufnahme als Unionsstaat der USA   Mexico

n-Bay

Neufundland

Quebec

MAINE
1820

Neu-Schottland

Montreal

Ottawa

VERMONT
1791

Huronsee

r See

NEW HAMPSHIRE

Concord

Ontariosee

Boston

MASSACHUSETTS

Toronto

NEW YORK

RHODE ISLAND

MICHIGAN
1837

Buffalo

CONNECTICUT

Michigansee

Eriesee

Detroit

PENNSYLVANIA

NEW JERSEY

New York

go

Pittsburgh

Philadelphia

INDIANA
1816

OHIO
1803

Baltimore

DELAWARE

Indiana-
polis

Washington

MARYLAND

W. VIRGINIA

t. Louis

VIRGINIA

Richmond

Ohio

KENTUCKY
1792

Raleigh

1796

Nashville

N. CAROLINA

Rock

TENNESSEE

S. CAROLINA

ALABAMA
1819

Atlanta

Charleston

ISSISSIPPI
817

GEORGIA

Montgomery

FLORIDA
1845

New Orleans

Bahamas

von Mexiko

Miami

DOMINIKAN.
REP.

Puerto Rico
bis 1898 span.

Havanna

KUBA

HAITI

Santo Domingo

American
Virgin I.

Port-au-Prince

JAMAIKA

Kingston

Atlantischer Ozean

Bermuda-In.

Genehmigte Lizenzausgabe für Verlagsgruppe Weltbild GmbH, Steinerne Furt, 86167 Augsburg
Copyright der Originalausgabe © 2009 by Konrad Theiss Verlag GmbH, Stuttgart
Lektorat: Ricarda Berthold, Freiburg
Kartographie: Peter Palm, Berlin
Umschlaggestaltung: coverdesign uhlig, augsburg / www.coverdesign.net
Umschlagmotive/Vorderseite: (oben) © ullstein bild – histopics; (unten) © picture alliance /
dieKLEINERT.de / Bruce Emmett; Indianerschmuck © Aksana Yakupava / Dreamstime.com;
Sheriffstern © Jon Helgason / Dreamstime.com
Umschlagmotive/Rückseite: Cowboyhut © Brandy Sites / Dreamstime.com;
Moennitarri-Indianer, Aquarell von Karl Bodmer (1809-1893)

Gesamtherstellung: Neografia, a.s. printing house, Martin
Printed in the EU
978-3-8289-0929-8

2013   2012   2011
Die letzte Jahreszahl gibt die aktuelle Lizenzausgabe an.

Einkaufen im Internet:
www.weltbild.de

Inhalt

6 »Once Upon a Time in the West« –
Wie wild war der Westen wirklich?

10 Mythos Wilder Westen –
Wie der Wilde Westen nach Deutschland kam

12 Die Ursprünge des Mythos – Buffalo Bill's Wild Westshow
und die Cowboys aus Hollywood

15 Briefe, Romane, Groschenhefte – Der Western kommt nach Europa

18 Mein Freund Winnetou – Die Karl-May-Welle der 1960er Jahre

22 Kontrapunkt – Die Indianerfilme der DDR

26 How the West was Won –
Die Geschichte des Wilden Westens

28 Entdeckung – Reisen in das Unbekannte

47 Westwärts, ho! – Die Eroberung des Wilden Westens

79 Verdrängung – Der Untergang der indianischen Lebensweisen

97 Landnahme – Die Besiedlung des Wilden Westens

108 Das Leben im Wilden Westen –
Menschen und Natur im Zeichen des Fortschritts

110 Cowboys, Minen und Geisterstädte – Wandel in Natur und Wirtschaft

124 Outlaws, Sheriffs und Saloons – Alltag an der Siedlungsgrenze

140 Büffel, Tipi und Tomahawk – Kultur und Lebensweise der
Indianer Nordamerikas

152 Das Ende des Wilden Westens –
Ankunft des Mythos in der Moderne

158 Anhang

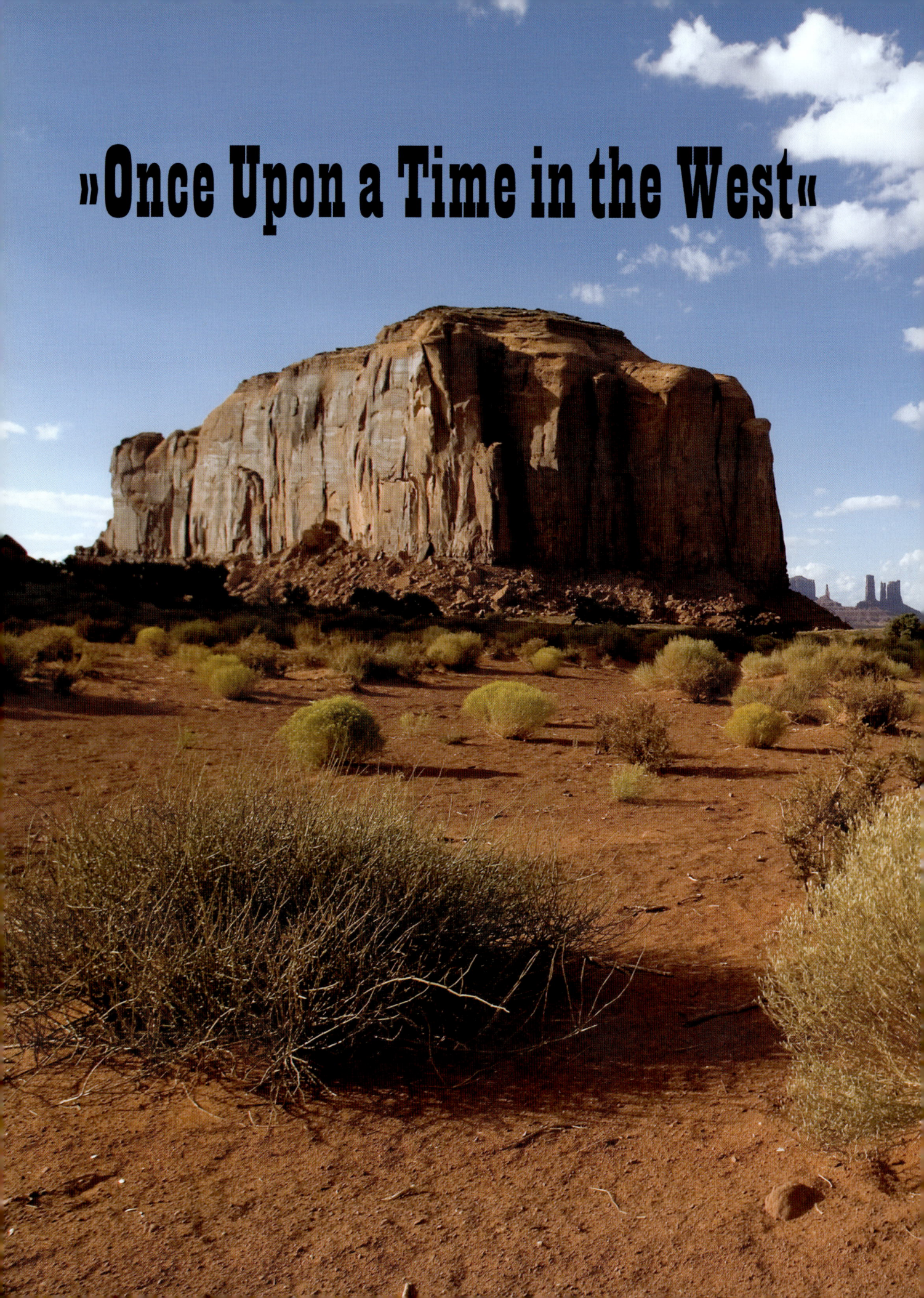

Wie wild war der Westen wirklich?

Trockene Hitze. 12 Uhr mittags. Eine fast menschenleere Straße im Wilden Westen. Der Wind weht ein Büschel Tumbleweed durch die staubige Straße. Zwei Männer stehen sich breitbeinig gegenüber und starren sich reglos in die Augen. Im Hintergrund die Klänge einer Mundharmonika. Plötzlich schnellen die Hände der beiden an ihre Revolver. Zwei Schüsse fallen, und einer der Männer geht getroffen zu Boden. Der Überlebende bläst den Rauch aus dem Lauf seines Revolvers, lässt die Waffe spielerisch um seine Finger wirbeln und schließlich zurück ins Halfter gleiten. Inzwischen sind die Bewohner der Stadt aus dem Saloon gekommen und scharen sich um den Toten. Der Leichenbestatter erfüllt seine Pflicht, und der siegreiche Schütze bahnt sich seinen Weg durch die Menge zurück zum Saloon.

Ein Siedlertreck aus dem Osten erreicht die einsame Westernstadt, angeführt von einem Trapper, unerschrocken und wortkarg, der den amerikanischen Westen kennt wie kein Zweiter. Auf der beschwerlichen Reise hat er einen Verräter entlarvt, der die Siedler für Goldnuggets an feindliche Indianer ausliefern wollte. Er steckte mit einer Bande unter einer Decke, die den ahnungslosen Siedlern billiges Weideland für viel Geld verkaufen will. Als die Siedler die kleine Westernstadt erreichen, erscheinen Rauchzeichen über den Bergen rund um die Stadt. Die Indianer, Stück für Stück aus ihrem Lebensraum verdrängt, kämpfen um ihre Existenz und bereiten sich auf den Angriff vor ...

Wir alle kennen die Geschichten aus dem Wilden Westen aus unzähligen Filmen, aus dem Fernsehen, aus Büchern und Groschenheften oder aus unserer eigenen Phantasie. Unzählige Male haben wir Sheriffs und Banditen, Cowboys und Indianer, Trapper und Siedler über die Prärien und Savannen verfolgt, mit ihnen Abenteuer erlebt und den Westen entdeckt. Im Laufe der Zeit haben wir die Klischees und Stereotype des Wilden Westens verinnerlicht. Dabei erdachten wir uns immer auch unsere eigene Welt und stellten uns den amerikanischen Westen so vor, wie er unseren Wünschen und Träumen entsprach. Doch wie sah die Realität im Wilden Westen aus, wie wild war er wirklich? Und wie wurde er besiedelt? Warum trat ausgerechnet diese historische Periode, die Westexpansion der USA im 19. Jahrhundert, ihren Siegeszug durch die Populärkultur des 20. Jahrhunderts an und wurde zum »Mythos Wilder Westen«?

Zu Beginn des 19. Jahrhunderts war der westliche Teil Nordamerikas für Europa und die Vereinigten Staaten ein unbekanntes und wildes Land, von des-

sen Größe und Beschaffenheit nur die indianischen Einwohner Kenntnis hatten. Nur wenige Amerikaner waren bis dahin aus den Staaten im Osten bis in die Prärien, Savannen und Berge des Westens vorgedrungen. Neben den spanischen Konquistadoren traten lediglich vereinzelte Abenteurer und Entdecker die Reise in den Westen Nordamerikas an. Als jene Reisenden aber aus der Wildnis, die für die Indianer ihr vertrauter Lebensraum war, zurückkehrten, wussten sie von großen Naturwundern, von einer atemberaubend schönen Landschaft und von fruchtbaren Böden zu berichten. In den Staaten des Ostens etablierte sich allmählich das Bild des Wilden Westens: Wild, weil der Westen im Vergleich zum Osten zivilisatorisch rückständig und die Natur noch größtenteils unberührt war; wild, weil er einen Schlupfwinkel, einen rechtsfreien Raum für Außenseiter bot; wild, weil er die Möglichkeit versprach, die Sehnsucht nach Freiheit und den Traum von Unabhängigkeit zu verwirklichen. Der Westen war – aus der Sicht des Ostens – wild in jeder Hinsicht.

Der in Solingen geborene Albert Bierstadt wanderte mit seinen Eltern 1832 in die USA aus. Mitte des 19. Jahrhunderts malte er Bilder des Westens, wie den Merced River im Yosemite Tal, und gehört zur »Hudson River School« – einem Künstlerkreis, der die unberührte Natur des Westens darstellte und zu einem Paradies verklärte.

Die Regierung der Vereinigten Staaten ergriff immer wieder die Initiative, das Land für seine Bürger zu erschließen. So kaufte Präsident Thomas Jefferson 1803 im Louisiana Purchase weite Teile des Westens vom Mississippi River bis zu den Rocky Mountains, er entsandte die erste Überlandexpedition unter der Leitung von Meriwether Lewis und William Clark, in deren Reisetagebüchern die Flora und Fauna des von ihnen bereisten Gebietes aufgezeichnet wurden. Weitere Expeditionen folgten, so dass in den 1820er und 1830er Jahren Reiseberichte entstanden, die in den Zeitungen und Zeitschriften die Massen von einem mythischen Land im Westen begeisterten. Auf der Suche nach diesem verheißungsvollen Land begann nach dem Ende des Amerikanischen Bürgerkrieges im letzten Drittel des 19. Jahrhunderts die Besiedlung dieser Region voller Naturwunder und Freiheit – mit der jedoch die Verdrängung der eigentlichen Bewohner, der Indianer, einherging.

Die Zurückgebliebenen in Europa wie auch in den östlichen Staaten der USA interessierten sich brennend für den Westen und seine abenteuerlichen Geschichten. Maler wie George Catlin, Albert Bierstadt, Thomas Moran und Frederic Remington bereisten den Westen, malten die Landschaften und prägten so die romantische Vorstellung. Nicht nur die Naturwunder faszinierten die Menschen, sie verschlangen begierig die Heldengeschichten von Cowboys und Indianern, von Banditen und Siedlern, die in der Sphäre zwischen Gesetz und Gesetzlosigkeit, zwischen Freiheit und Zivilisation spielten. Die spannenden Romane aus der Lederstrumpfreihe von James F. Cooper, die fantasievollen Bücher Karl Mays und Friedrich Gerstäckers, die Reiseberichte von Zebulon Pike, Maximilian Wied zu Neuwied, Meriwether Lewis und William Clark, den Astorianern und Alexis de Tocqueville nährten auf beiden Seiten des Atlantiks die Begeisterung für die Welt des Wilden Westens.

Mythos Wilder Westen

Wie der Wilde Westen

nach Deutschland kam

Die Ursprünge des Mythos

Buffalo Bill's Wild Westshow

und die Cowboys aus Hollywood

Den vielleicht größten Einfluss auf die Vorstellungen der Menschen übte ein Mann aus, der den Westen »wie seine Westentasche« kannte und ihn als Schauspieler in seinen eigenen Shows thematisierte: Buffalo Bill. Er ist wohl eine der bekanntesten Persönlichkeiten aus der Zeit des Wilden Westens. Über ihn wurde so viel berichtet, dass er schon zu Lebzeiten zur Legende wurde.

1846 wurde Buffalo Bill unter dem bürgerlichen Namen William Frederick Cody in Scott County, Iowa geboren. Schon im Jugendalter führte er ein abenteuerliches Leben; er arbeitete als Zugführer, Scout und Kutscher und ritt in den Jahren 1860/61 für den Pony-Express. Anschließend stellte er seine Erfahrung als Fährtensucher und Kundschafter in die Dienste der US-Army. Seinen Spitznamen, unter dem er weltberühmt wurde, erhielt Cody, als er Ende der 1860er Jahre die Arbeiter der Kansas Pacific Railway mit Büffelfleisch versorgte. Er war der erfolgreichste Büffeljäger der Truppe. Nach eigener Auskunft soll er in 18 Monaten über 4280 Büffel selbst erlegt haben. Nachdem der New Yorker Journalist Ned Buntline begonnen hatte, übertrieben ausgeschmückte Geschichten mit Buffalo Bill als Hauptperson und Westernhelden als Theaterstücke und in Groschenheften zu veröffentlichen, erkannte Cody seinen Wert als Kunstfigur. In der Folgezeit wechselte er zwischen der Anstellung als Kundschafter bei der US-Army und dem Engagement am Theater, wo er sich einige Jahre erfolgreich selbst spielte. Im Mai 1883 gründete er schließlich seine eigene Show, die Buffalo Bill's Wild Westshow, in der Cowboys, Indianer und andere Darsteller mitwirkten, die

größtenteils selbst im Wilden Westen lebten. Mit der Show verfolgte Buffalo Bill den unrealistischen Stil der Theaterstücke und Groschenromane konsequent weiter und überzeichnete die historischen Ereignisse und Abenteuer aus dem Wilden Westen.

In Buffalo Bills Show trat ein riesiges Ensemble aus Cowboys, Indianern, Banditen und Soldaten der US-Kavallerie auf. Zudem gelang es ihm, neben vielen anderen Berühmtheiten aus dem Wilden Westen, den Lakota-Sioux Sitting Bull zu verpflichten, der erst wenige Jahre zuvor seine Waffen niedergelegt hatte und im Reservat lebte. Mit großem Aufgebot, bunten Kostümen und originalen Postkutschen sowie echten Büffeln wurden populäre Geschichten und Szenen aus dem Westen dargestellt. Die Show hatte erheblichen Anteil an den noch heute gültigen Klischees und beeinflusste nachhaltig auch die Westernfilme des 20. Jahrhunderts. Vom Erfolg getragen, beschloss Buffalo Bill, mit seinem Ensemble nach Europa zu reisen, wo er auf mehreren Tourneen ebenfalls die Massen begeisterte. Dadurch verbreitete sich auch, vor allem in England und Deutschland, das von ihm verklärte, romantisierte Bild des Wilden Westens, der Indianer und der Cowboys.

Während Buffalo Bill durch die USA und Europa tourte und in seinen Geschichten die populären Bilder und Personen aus dem Westen verbreitete, entstand 1903 der erste Westernfilm: »Der große Eisenbahnraub«. Zu diesem Zeitpunkt gehörte die Geschichte des Wilden Westens gerade einmal der jüngsten Vergangenheit an und viele Darsteller sowie Zuschauer hatten den Westen noch selbst erlebt. Die Filmemacher übernahmen nun die Abenteuer Buffalo Bills und inszenierten sie als Leinwandepos. Und sie sollten recht behalten: Was Buffalo Bill so eindrucksvoll für die Bühne in Szene gesetzt hatte, funktionierte auf der Leinwand ebenfalls. Und somit läutete »Der große Eisenbahnraub« eine neue Ära ein. Die Filmindustrie drehte nun massenweise Western und ließ sich dafür im westlichsten Staat der USA, in Kalifornien, nieder. Es gab viele Gründe, warum sie für ihre Studios Hollywood als Standort wählten, darunter waren das gute Wetter und die kulissenartige Landschaft Südkaliforniens. Ohne Probleme konnten die Filmemacher direkt in einer naturgetreuen Kulisse ihre Visionen des Wilden Westens drehen. Fortan liefen jede Woche neue Western in den Kinos an, die sich auch bei anderen Genres bedienten. Die Westernfilme hatten in den 1940er und 1950er Jahren ihren Höhepunkt, erlebten in den späten 1960er Jahren eine Transformation und blieben bis in die 1970er Jahre eine der wichtigsten Filmgattungen der amerikanischen Filmindustrie.

Im Mittelpunkt der klassischen Western stehen meist ein wehrhafter Held – oftmals ist er ein Cowboy oder der Sheriff – und sein Gegenspieler, der skrupellose Bösewicht. Der gute Held mit höchsten moralischen Prinzipien zieht aus, um die Gemeinschaft (einer Stadt, eines Wagentrecks etc.) selbstlos gegen die Rache, Gier oder den Profitwahn seines Gegenspielers zu verteidigen. Er rettet die Gesellschaft und symbolisiert im Kleinen Amerikas Kampf gegen das Böse. Erst der Spätwestern und die Italowestern fügten dem Helden die Eigenschaften des Antihelden der 60er und 70er Jahre hinzu. Er hatte nun ebenfalls »menschliche« Bedürfnisse und war darauf aus, sich seinen Anteil am Profit zu sichern.

In der Hochphase der Westernfilme stand im Zentrum der Geschichte aber immer ein romantisch verklärter Westernheld, dessen Urtypus der »frontiersman« Daniel Boone war. Dieser Held birgt stets etwas Tragisches in sich: Er will der zivilisierten Welt entfliehen, und ist dennoch der Vorbote dieser modernen und industrialisierten Welt. An der Frontier fühlt er sich der Natur näher, bringt aber zugleich die Zivilisation mit sich und zerstört somit das vermeintliche Paradies. Er eilt der Moderne, den Siedlertrecks und damit der unweigerlichen Besiedlung des Wilden Westens stets voraus. So sehr er auf der Flucht vor dem Fortschritt ist und ihn im Grunde ablehnt, so sehr bringt er ihn mit sich. Dies spiegelt sich auch an seinem Erscheinungsbild wider: Neben modernen Kleidungsstücken und Ausrüstungsgegenständen trägt er Symbole aus

Buffalo Bill war einer der Urväter des Mythos vom wilden und abenteuerlichen Westen. Seine Wild Westshow trat schnell ihren Siegeszug durch Nordamerika und Europa an. Mit einer zuvor nicht bekannten Welle an Werbepostern (hier aus dem Jahr 1899) machte die Show auf sich aufmerksam.

aniel Boone ist das **Urbild des amerikanischen Trappers**. Sein Leben beeinflusste viele der frühen fiktiven Charaktere, die als Cowboy, Fährtensucher oder Farmer ihre Abenteuer im Wilden Westen erlebten. Nicht zuletzt diente er James F. Cooper als Vorbild für den Lederstrumpf. Boone wurde am 2. November 1734 in Pennsylvania geboren und wuchs in North Carolina auf. Er starb am 26. November 1820 in Missouri im Grenzland. 1768, als der Westen noch weit im Osten lag, brach Boone mit einer Expedition in das noch unbekannte Kentucky auf, wodurch er berühmt wurde. Seine Expeditionen fanden einige Jahre vor der Unabhängigkeitserklärung statt, als die englischen Siedler immer tiefer in die Indianergebiete vordrangen und ein erbarmungsloser Kampf zwischen ihnen herrschte. Seinen Pfaden folgten später unzählige Siedler, die sich in Kentucky - jenseits der Appalachen, die bislang als Siedlungsgrenze galten - niederließen.

Für viele verkörpert John Wayne, hier in einer Szene aus dem Film Rio Bravo aus dem Jahr 1959, den aufrechten Gesetzeshüter.

dem Leben an der Frontier, beispielsweise einen Lederanzug mit Fransen, indianischen Schmuck, eine Kette mit Bärenkrallen oder Adlerfedern.

Die Schauplätze der Westernfilme sind voller Symbolik. So beginnt die Geschichte eines Westerns häufig in einem Fort oder in einer kleinen Westernstadt - als letztes Zeichen der dem Zuschauer vertrauten Zivilisation. Mit Beginn des zweiten Aktes überquert der Held meist einen Fluss; symbolisch für die Frontier stellt dieser die Grenzlinie zur Wildnis dar. Weitere Schauplätze liegen dann jenseits der Siedlungsgrenze in der Natur. Bisweilen spielt ein Teil der Geschichte in indianischen Dörfern oder folgt einem Siedlertreck. Symbolträchtig sind auch andere zentrale Orte wie der Saloon mit Whiskey und Kartenspiel, das Büro des Sheriffs mit dem Gefängnis - in beiden Fällen trifft gewissermaßen Gesetz direkt auf Gesetzlosigkeit - sowie die einsame Farm, die den amerikanischen Traum von Freiheit und Natur der Siedler symbolisiert. Die beeindruckend schöne Landschaft und die Weite des Landes sind nicht selten ein Element der Geschichte, sie birgt für den Unerfahrenen vielfältige Gefahren. Der Konflikt zwischen dem guten Protagonisten und seinem Gegner gipfelt häufig in einem »shootout« oder Showdown am Ende der Geschichte.

Das Genre wird von drei Motiven bestimmt: Zum einen von der Erfahrung des Lebens an der Siedlungsgrenze, wo die Einwanderer und Siedler das Land urbar machten und bebauten, um so ein Teil der amerikanischen Gesellschaft zu werden. Zum Zweiten durch das Spannungsverhältnis von Gesetz und Gesetzlosigkeit, das sich im Western durch die Überfälle auf Postkutschen und Banken und der Darstellung von Gewalt und Brutalität manifestiert und nach Ordnung und Moral fragt. Nachdem die Gesetzlosen die Ordnung der Gesellschaft mit Gewalt zerstört haben, wird sie im Laufe eines Westerns erneuert und wieder hergestellt. Das dritte Motiv ist schließlich die Suche nach der persönlichen Freiheit im unberührten Westen, wobei hier die gewaltsame Landnahme, die Vernichtung der Indianer und die Zerstörung der Natur zur Suche nach Freiheit verklärt werden.

Zeigen viele Western in der Hochphase des Genres die glorreiche Eroberung, so beschäftigt sich der Spätwestern mit dem Verlust eben dieser Freiheit: Das letzte Stück Land ist besiedelt, das letzte Wildpferd gefangen, der letzte Büffel getötet. Automobile, Maschinengewehre und Ölbohrtürme halten Einzug in die ehemals unberührten und wilden Landschaften.

Briefe, Romane, Groschenhefte

Der Western kommt nach Europa

Die ungebrochene Anziehungskraft des amerikanischen Westens strahlte nach Europa aus. Auch hier wurden die unglaublichen Abenteuer der Westernhelden und die atemberaubende Schönheit der Landschaft kolportiert. Deutschland kommt dabei eine besondere Rolle zu. Bereits im 19. Jahrhundert, zur Zeit der großen Auswandererströme von Deutschland in die USA, beschäftigten sich Auswandererzeitungen und Abenteuerschriftsteller wie Charles Sealsfield (eigentlich Carl Postl), Friedrich Gerstäcker und Balduin Möllhausen sowie einige Jahrzehnte später der erfolgreichste unter ihnen, Karl May, mit der Pionierzeit des amerikanischen Westens. Hinzu kamen amerikanische Einflüsse, allen voran die Lederstrumpf-Bücher von James Fenimore Cooper und der Buffalo-Bill-Mythos, der durch die Groschenromane wie auch durch die Europatournee der Wild Westshow in die alte Welt getragen wurde.

Im Laufe des 19. Jahrhunderts hatten in unzähligen Briefen die nahezu fünf Millionen deutschen Auswanderer von ihrem neuen Leben in Nordamerika nach Hause berichtet. Nicht selten übertrieben sie die Fruchtbarkeit und Schönheit des Landes, die Abenteuer und Gefahren, die sie erlebten, um gegenüber den Zurückgebliebenen ihre Auswanderung zu rechtfertigen. In Deutschland festigte sich daher ein romantisiertes und überzeichnetes Bild des neuen Landes. Zwei Motive waren dabei vorherrschend: Die Sehnsucht nach einem realen Land mit besseren Lebenschancen sowie der Wunsch in Einklang mit der amerikanischen Natur die eigene Freiheit zu finden. Den Briefen aus dem Westen folgten neugierige Adelige, bürgerliche Journalisten, Maler und Künstler, die ihre Erfahrungen im amerikanischen Westen verarbeiteten und in Form von Reiseberichten, Reportagen, Gemälden und später Fotografien mit nach Deutschland brachten.

1875 war hinsichtlich des Bildes des amerikanischen Westens in Deutschland ein Schicksalsjahr. Während in den USA der Wilde Westen noch harte Wirklichkeit war, veröffentlichte der sächsische Schriftsteller Karl May seine erste Wildwestgeschichte. Die von ihm geschaffenen Figuren und Bilder sollten über ein Jahrhundert lang Millionen von Lesern prägen. Im Unterschied zu seinen Vorgängern Gerstäcker und Möllhausen war Karl May nie an den Orten gewesen, über die er schrieb. May studierte zu Hause intensiv die Veröffentlichungen anderer Amerikareisender, neben denen der deutschen Entdecker auch das Buch des Amerikaners George Catlin »Die Indianer Nordamerikas«. Erst am Ende seines Lebens reiste er schließlich nach Amerika, wobei er von der Ostküste aus lediglich bis zu den Niagarafällen kam.

Die Literaturkritik diskutierte lange, ob Karl May den Westen der USA aus eigener Anschauung schilderte, und von wem er inspiriert wurde. Mittlerweile ist diese Kontroverse verstummt. Geblieben ist die Frage, wie sich Mays Fiktionen entschlüsseln lassen und warum sie eine so große Wirkung zeigten. Karl Mays Welt setzt sich im Wesentlichen aus zwei Elementen zusammen. Auf der einen Seite erzeugte er eine spielerische Traumwelt und erreichte damit hauptsächlich Jugendliche, die vom Abenteuer in der Ferne träumen und sofort in die Rolle der Heldenfiguren schlüpfen. Auf der anderen Seite illustrierte er seine Abenteuererzählungen mit detailgetreuen Beschreibungen der Geografie,

Eine typische Szene in einer Westernstadt. Die Gebäude haben zur Straßenseite vergrößerte Fassaden, vor den Häuser läuft ein überdachter Gehweg und entlang der Hauptstraße sind Telegrafenmasten aufgestellt.

der Flora und Fauna Nordamerikas. Indem er auch noch historische Fakten und damals aktuelle politische Informationen über die USA einflocht, suggerierte er dem Leser ständig Authentizität und stellte auf diese Weise die fiktive Handlung in den Rahmen fundierter Informationen über Nordamerika.

Durch Briefe, Reiseberichte und Romane angeregt war der Wilde Westen um die Jahrhundertwende in Deutschland in aller Munde. So ist es nicht verwunderlich, dass er in Gestalt der Wild-West-Show Buffalo Bills 1890/91 ins Deutsche Reich kam. Die Show eröffnete mit einem achtzehntägigen Gastspiel vom 19. April bis 5. Mai 1890 ihre Deutschlandtournee in München. Täglich verfolgten 8000 Zuschauer die aufsehenerregende Show. Bis zum 27. Mai 1891 gastierte Buffalo Bill mit seiner Truppe in 22 weiteren deutschen Städten sowie nahezu drei Wochen in Wien. Ihre Wirkung auf die Wild-

west-Begeisterung der Deutschen kann man kaum überschätzen. Die aufwändige Werbung für die Show war in Deutschland neu und überwältigend. Auf großen Reklametafeln fanden die Mitglieder der Geistertanzbewegung, die letzten, vor wenigen Monaten noch kämpfenden Sioux, Teile der US-Cavalary und nicht zuletzt Buffalo Bill ihren Weg in die Herzen des deutschen Publikums.

Nur einer sah sich in Deutschland von Buffalo Bill bedroht: Karl May. Buffalo Bill mag May als Vorlage für die Figur des Old Shatterhand gedient haben, mit der er sich selbst identifizierte. Doch nun fürchtete der Schriftsteller, dass durch eine Gegenüberstellung mit dem berühmten amerikanischen Helden oder mit den verschiedenen Indianern seine Welt zusammenbrechen könnte. Denn: Buffalo Bill war im Gegensatz zu Karl Mays Figur ein echter Westernheld, und eine Begegnung mit der Realität hätte für Karl May den Zusammenbruch seiner Traumwelt bedeutet. Er soll, als die Wild-West-Show vom 1. bis 16. Juni 1890 in Dresden weilte, sogar in Eile die Stadt verlassen haben, um jeder Möglichkeit einer Begegnung mit einem Mitglied des Ensembles aus dem Weg zu gehen. Hintenherum klagte May Buffalo Bill jedoch mehrfach öffentlich an und behauptete sogar, dass der Amerikaner schuld am Tode seiner Kameraden Old Firehand und Old Surehand sei.

Die Einflüsse der Wild-West-Show wirkten weit über ein halbes Jahrhundert nach, und die Popularität von Mays Erzählungen war entgegen seiner Befürchtungen das ganze 20. Jahrhundert hindurch ungebrochen. Das Thema »Wilder Westen« faszinierte immer mehrere Generationen zugleich und konnte sich daher in allen Bereichen der Kultur verankern: in der bildenden Kunst, in der Literatur, im Film, in der Schlagermusik, in Vereinsgründungen sowie in den verschiedenen Karl-May-Spielen in den Freilichttheatern von Bad Segeberg, Elspe und weiteren kleineren Bühnen. Auch die Jüngsten gaben sich »westernbegeistert«, wie das Beispiel der deutschen Firma Playmobil zeigte. Erst mit Einführung des Themenbereiches »Cowboys und Indianer« im Jahr 1974 schrieb das Unternehmen schwarze Zahlen.

Karl May in einer Fotografie als sein Alter Ego Old Shatterhand. In einer ähnlichen Pose hatten sich zuvor auch General Armstrong Custer und Buffalo Bill ablichten lassen.

Karl Friedrich May wurde am 25. Februar 1842 in Ernstthal in Sachsen geboren. Über Jahrzehnte hinweg war er einer der meistgelesenen deutschen Schriftsteller. Sein Werk besteht zu einem großen Teil aus Abenteuer- und Reiseerzählungen, die hauptsächlich im Orient, Nordamerika oder Mexiko spielen. Darüber hinaus verfasste er mehrere Kolportageromane, die auch in Deutschland und anderen Teilen Europas angesiedelt sind. May war ein eigenwilliger und störrischer Mensch. Während seines Lebens wurde er wegen Diebstahls, Betrugs und Hochstapelei gesucht, 1865 wurde er schließlich sogar zu vier Jahren Gefängnis verurteilt und saß auch von 1870 bis 1874 ein. Er wehrte sich mit seinem Lebensstil gegen ein bürgerliches Leben, das er nie führen wollte. 1874 begann er schließlich zu schreiben. In seinen Romanen vermischte er seine eigene Traumwelt von Freiheit und Abenteuer mit den Informationen über die weite Welt, die er sich während seines Gefängnisaufenthalts angelesen hatte. Ihm kam zugute, dass in Deutschland durch die Industrialisierung und die zunehmende Alphabetisierung eine neue Verlagskultur entstand, die nur darauf wartete, Mays Werke zu drucken. Durch die Kolonialpolitik der europäischen Mächte und die großen Auswandererströme trafen Mays Geschichten an exotischen Schauplätzen genau den Geschmack der Zeit. Seine Erzählungen wurden in mehr als 33 Sprachen übersetzt und erreichten bis heute eine Gesamtauflage von 200 Millionen.

Mein Freund Winnetou

Die Karl-May-Welle

der 1960er Jahre

Für Amerikaner war die Popularität der Geschichten aus dem Wilden Westen in Deutschland nur schwer zu verstehen. »Ein deutscher Western? Das kann nicht funktionieren,« schüttelte auch Lex Barker Anfang 1962 den Kopf, als ihm der Berliner Filmproduzent Horst Wendlandt die Rolle des Old Shatterhand in dem ersten Western der Filmgeschichte anbot. Trotz Barkers Überzeugung, das urtypischste Genre seiner Heimat könne eben auch nur dort produziert werden, ließ er sich schließlich von Wendlandt überzeugen und nahm das Angebot an. Wie sehr er sich getäuscht hatte, zeigte sich Weihnachten 1962, als die Horst-Wendlandt-Produktion »Der Schatz im Silbersee« in die bundesdeutschen Kinos kam. Der Film entwickelte sich nicht nur zum bis dato erfolgreichsten deutschen Nachkriegsfilm, sondern leitete europaweit eine Westernwelle ein. Sogar in Amerika wurde er unter dem Titel »The Treasure of the Silver Lake« zu einem Kinoerfolg.

Entstammten Western bislang vornehmlich der Traumfabrik Hollywoods, so schickte Horst Wendlandt nun deutsche Trapper und jugoslawische Indianer ins Rennen um die Zuschauergunst und zeigte dabei ein untrügliches Gespür für den Geschmack der Massen. Seit über einem halben Jahrhundert war Karl May ein erfolgreiches Zugpferd auf dem Buchmarkt. Mays Geschichten galten allerdings in der Filmbranche als unverfilmbar. Mehrere Produzenten hatten sich schon an May-Stoffen versucht. Der Erfolg war jedes Mal ausgeblieben. Vor dem »Schatz im Silbersee« hatte es jedoch nur Produktionen mit Orientthematik gegeben: drei Stummfilme in den 1920er Jahren, »Durch die Wüste« aus dem

Jahr 1935 und die beiden Klamotten mit Georg Thomalla Ende der 1950er Jahre. 1920 war die Produktion eines Stummfilms mit dem Titel »Old Shatterhand« geplant, aufgrund der Misserfolge der ersten drei Stummfilm-Produktionen wurde dieses Vorhaben aber nie realisiert. Wendlandt hingegen hatte vor, zum ersten Mal einen Stoff aus dem Wilden Westen anzugehen und wählte hierfür die auflagenstärkste Erzählung aus.

Wendlandt beschloss, den »Schatz im Silbersee« als großes, weltumfassendes Abenteuer in Cinemascope zu inszenieren. Der Film sollte ganz dem Standard internationaler Produktionen entsprechen. Allein die Thematik unterschied sich deutlich von den amerikanischen Vorbildern und stellt im Grunde genommen ein Sub-Genre dar. Die zeitgenössischen Kritiker, die den finanziellen Erfolg weder aufhalten noch erklären konnten, warfen Wendlandt vor, dass der »Schatz im Silbersee« eigentlich gar kein richtiger Western sei. Der Film basiere auf einem simplen Antagonismus zwischen Gut und Böse, die Figuren seien eindimensional gezeichnet und handelten nicht aus einem inneren Konflikt heraus. Aus heutiger Sicht trifft dies jedoch auch auf die Hollywoodproduktionen der 1940er und 1950er Jahre zu und stellt kein spezifisches Merkmal der Karl-May-Filme dar. Was die Filmreihe letztendlich wirklich von Hollywood unterschied, war eine Portion Naivität und eine typisch deutsche Romantik, die sich durch die meisten Karl-May-Produktionen wie ein roter Faden zieht. Dies lag zum großen Teil auch daran, dass die deutschen Filmschaffenden erst herausfinden mussten, wie man einen Western dreht, und dabei nicht selten auf ihre Erfahrungen mit den Heimatfilmen der 1950er Jahre zurückgriffen. Schließlich war Harald Reinl, der Regisseur der erfolgreichsten Karl-May-Filme (Schatz im Silbersee, Winnetou-Trilogie) zuvor auf die Inszenierung von Heimatfilmen aus der Feder von Ludwig Ganghofer spezialisiert.

Die Karl-May-Filme bedienten die Sehnsucht des deutschen Kinopublikums nach Exotik, einer heilen Welt und heldenhaften Rettern. Der Deutsche Old Shatterhand und sein weniger beliebter Ersatz Old Surehand (sowie einmal Old Firehand) sind stets bemüht, die Indianer von der Ehrlichkeit und Redlichkeit der Siedler – ein Großteil von ihnen deutschstämmig – zu überzeugen. Gestört wird diese Aufgabe immer von einem geldgierigen

sicher fühlte. Die Figur des Film-Winnetou ist dabei eine Allegorie auf Freiheit, Nächstenliebe und Frieden. Für diese Werte und Ideale kämpft der Apachenhäuptling und würde notfalls für sie sterben. Ein sich entwickelnder Charakter, wie es der Archetypus des Helden beschreibt, ist diese Figur nicht. Obwohl er im Zentrum der Handlung steht, nimmt er meist die Mentoren-Funktion ein und hilft anderen Charakteren in ihrer Entwicklung, wie beispielsweise die von Götz George gespielten jugendlichen Helden.

Der Erfolg des »Schatz im Silbersee« führte zu einer Filmserie. Wendlandt blieb seinem Konzept treu und präsentierte dem Publikum ein Jahr später die Verfilmung des Romans mit der zweithöchsten

Die von Karl May geschaffenen fiktiven Figuren Winnetou, der Häuptling der Apachen, und sein deutscher Blutsbruder Old Shatterhand sorgten in den 1960er Jahren für einen Ansturm auf die deutschen Kinos.

Yankee, der die Indianer verführt und die Siedler betrügt. Am Ende klären die Helden beide Seiten auf, stoppen den Bösewicht und stellen den Frieden zwischen Indianern und Siedlern wieder her. Die Helden vollziehen dabei keinen inneren Wandel, sondern bleiben charakterlich stets gleich – durch und durch gut. Gerade dieser Punkt lässt die Filme heute flach wirken. In den 1960er Jahren aber wurden die Taten dieser Figuren als festes Ritual verstanden, das sich das Kinopublikum immer und immer wieder ansehen wollte und in dem es sich

Auflagenstärke, »Winnetou I«. Der Berliner Produzent behielt Recht, denn dieser Film war ebenso erfolgreich wie sein Vorgänger. Im Hinblick auf die Vielzahl der unverfilmten Stoffe von Karl May und auf den finanziellen Erfolg der ersten beiden Filme wurde nun die Goldader Karl May ausgeschlachtet. Wendlandt produzierte 1964 zwei und 1965 sogar drei weitere Filme. Die beiden eher schwachen Filme des Jahres 1966 konnten dann an die Anfangserfolge nicht mehr anknüpfen und bildeten das Ende von Wendlandts Filmreihe.

Zugleich führten die Erfolge auch Nachahmer auf die Spur. Der deutsche Topproduzent, Wendlandts früherer Boss Arthur Brauner, sprang auf den Zug auf, produzierte aber neben zwei Westernstoffen, die nicht auf Büchern Mays beruhten, drei Filme mit Orientthematik und zwei, die in Mexiko spielten und in denen weder Winnetou noch Old Shatterhand auftraten. Brauners Filme hatten einen anderen, härteren Ton und trugen weniger Karl-May-Romantik in sich. Sein Erstling »Old Shatterhand« wurde ein international angesehener Western und auch die anderen Filme, allen voran »Der Schut«,

Karl Mays Alter Ego Old Shatterhand, der Ich-Erzähler der meisten Geschichten, die in Nordamerika spielen, wird im Band »Winnetou I« als **Greenhorn** in die Handlung eingeführt. Gerade im Wilden Westen angekommen folgt er den Anweisungen seines Mentors Sam Hawkens, eines waschechten Trappers, der den Westen »wie seine Westentasche« kennt. Heute ist dieser Ausdruck nahezu aus der englischen Sprache verschwunden, im 19. Jahrhundert jedoch beschrieb er im Westen der USA einen Neuling aus den Oststaaten oder aus Europa, der zum ersten Mal im Westen noch nicht mit den Gepflogenheiten an der Siedlungsgrenze vertraut war. Ein Greenhorn befolgt auch in der offenen Prärie die Etikette der vornehmen Gesellschaft und ziert sich, wenn es zu Handgreiflichkeiten kommt. Jagen und das Leben unter freiem Himmel sind ihm noch fremd. Im Präsidentschaftswahlkampf des Jahres 2008 zwischen Barack Obama und John McCain tauchte der fast vergessene Begriff wieder auf, als der »Cowboy« McCain dem Neuling Obama als Greenhorn die politische Erfahrung absprechen wollte.

lockten Massen ins Kino, konnten aber Wendlandts Erfolge nicht toppen. Nachdem Pierre Brice 1969 die Zusammenarbeit mit Wendtland an dem geplanten Karl-May-Film »Winnetou und Kapitän Kaiman« ablehnte, hatten Winnetou und Old Shatterhand schließlich 1968 in dem Brauner-Film mit dem Titel »Winnetou und Shatterhand im Tal der Toten« ihren letzten Leinwandauftritt. Auch die Wiederaufführungen im Kino und die Ausstrahlungen im deutschen Fernsehen der 1970er und 1980er Jahre waren äußerst erfolgreich. Gelegentlich wurde der Ruf nach neuen Karl-May-Filmen laut, doch der Tod von Lex Barker im Jahre 1972 beendete früh eine mögliche Fortsetzung der Filmreihe. Verschiedene Adaptionen wie die deutsch-französische Koproduktion »Mein Freund Winnetou«, die Zeichentrickreihen »Winnetoons« und »Der Weg führt zum Silbersee« sowie TV-Produktionen wie »Winnetous Rückkehr« belebten den Mythos stets auf die ein oder andere Weise neu.

Die Karl-May-Filme waren ein sichtbares Zeichen dafür, dass der Western in Deutschland Hochkonjunktur hatte. Die Filme, die in Deutschland produziert wurden, begeisterten die Menschen. Hinzu kamen eine Vielzahl an Merchandise-Produkten und Karnevalsaccessoires, mit denen die Menschen den Wilden Westen in ihre eigene Welt holten.

Nicht zuletzt ebneten die Karl-May-Filme, die später zusammen mit ihren Nachahmern international als »Kraut-Western« bezeichnet wurden, gegen Ende er 1960er Jahre den Weg für eine europäische Westernwelle, die vor allem Produktionen aus Italien, die »Italo-« beziehungsweise »Spaghetti-Western«, sowie aus Spanien, die »Tortilla-Western«, mit sich brachten. Diese Welle kulminierte in den künstlerischen Spitzenleistungen der Italowestern, nach deren Höhepunkt »Spiel mir das Lied vom Tod« die internationale Westernwelle abebbte. Dieser Film zeigte 1969 alles, was es filmisch in diesem Genre zu zeigen gab. Schließlich konzentrierte sich vor allem Hollywood auf andere Genres, und der Science-Fiction-Film schloss die Lücke, die der Western hinterließ.

Der Berliner Kurfürstendamm im März 1963: Zur Aufführung des »Schatzes im Silbersee« erlebten die Zuschauer eine Aufführung und Showeinlage der Sioux.

Kontrapunkt

Die Indianerfilme der DDR

Ein besonderes Phänomen des deutschen »Krautwesterns«
stellen die Indianerfilme der DDR dar. Die Beliebtheit der
»Westernkultur« war im Vorkriegsdeutschland seit Jahrzehnten ungebrochen und setzte sich auch in der DDR fort. Dort
begeisterten sich die Menschen vor allem für das Leben und die
Kultur der nordamerikanischen Indianer. Dies schlug sich im
(typisch deutschen) Vereinsleben ebenso wie in der Literatur und
natürlich im Film nieder. Warum war aber die Lebensweise der
nordamerikanischen Indianer in Deutschlands Osten so beliebt?
Und inwiefern unterschied sich das von der populären »Western-
romantik« der Bundesrepublik? Ende der 1960er Jahre begann
man auch in der DDR, teils in Reaktion auf die Karl-May-Filme,
teils um den Klassenfeind, die USA und die westliche Welt, zu dis-
kreditieren, mit der Produktion von Western. Das Thema war populär und eignete sich bestens, den Werteverfall der Amerikaner
bloßzustellen. Um dies besonders deutlich hervorzuheben, waren
die Filmhelden der DDR in der Regel Indianer, die unter der Geld-
und Machtgier der Amerikaner litten.

Aus der breiten Präsenz des Themas heraus entstanden zugleich eine veränderte Wahrnehmung sowie ein neuer Umgang
mit den Vereinigten Staaten. Die unterschiedlichen Indianerstämme entwickelten sich in der Perzeption vieler DDR-Bürger zu
den einzig rechtmäßigen Bewohnern Nordamerikas. Sie wurden
ein einziges, einheitliches und zusammengehöriges Volk, das aus
der Unterdrückung durch die Amerikaner heraus einen freiheit-
lichen Klassenkampf gegen die Regierung der USA führte. Diese
übernahm dabei gleichermaßen die Rolle des unbarmherzigen

Unterdrückers sowie die des kapitalistischen Landräubers. Die
stark überzeichnete und polarisierende Sicht auf die Bewohner
Nordamerikas übersieht natürlich dabei die Vielfalt seiner Bewohner und wird der Vielschichtigkeit der Realität in keiner Weise
gerecht. Für die Propaganda der DDR jedoch war das »über einen
Kamm scheren« von Millionen ehemaligen Sklaven, Einwander-
ern aus Asien und Europa, US-Amerikanern sowie Native Americans ein willkommenes Mittel zum Zweck. Ihrem Anspruch, die
historische Wahrheit über den Wilden Westen ans Tageslicht zu
bringen, wurden sie aber nicht gerecht. Allerdings muss man den
Produktionen zugute halten, den Perspektivwechsel innerhalb
des Genres unterstützt zu haben. Denn die Indianer waren bis in
die 1960er Jahre hinein unterrepräsentiert und als Bösewichte
gebrandmarkt. Indianische Helden waren eine Seltenheit. Lässt
man die politische Aussage der Propaganda beiseite, so warben
die Indianerfilme für das Verständnis der Native Americans. Diese Konstellation brachte dem Genre Western eine neue Unterka-
tegorie und der gesamtdeutschen Populärkultur einen besonders
schillernden Mosaikstein.

In den 1960er Jahren erfreute Karl May im Westen Deutschlands nunmehr die dritte beziehungsweise vierte Generation
seiner Leserschaft und eroberte die Kinoleinwand. Im Osten war
er zwar »nicht verboten«, aber auch »ausdrücklich und in keiner Weise erlaubt«. Die DDR Führung sah für ihren Staat eine
Abenteuerliteratur vor, die eigene Inhalte transportieren sollte
und nicht »verwestlicht« sein durfte. Eine besondere Rolle spielt
hierbei die in München geborene und später in Berlin lebende

Gojko Mitic als Ulzana im gleichnamigen Indianerfilm der DEFA aus dem Jahr 1974.

Liselotte Welskopf-Henrich, die vor allem durch ihren Roman-Zyklus »Die Söhne der Großen Bärin« Bekanntheit erlangte. Sie schien den späteren Produzenten der Romanverfilmung ein ideales Gegengewicht zu Karl May zu sein, da auch sie es verstand, eine große Leserschaft in ihren Bann zu ziehen. Ihrem ersten Roman-Zyklus aus den 1950er Jahren ließ sie 20 Jahre später die Pentalogie »Das Blut des Adlers« folgen. Hierin beschreibt sie die Konflikte der zwischen Anpassung und Tradition stehenden Indianergemeinden vom 19. Jahrhundert bis in die 1970er Jahre hinein. Alle ihre Bücher wurden Bestseller in der DDR. Ihre Romane beruhten teilweise

auf historischen Tatsachen und waren mit ausführlichen Schilderungen der Lebensweise der Indianer ausgeschmückt. Sehr schnell verdrängten ihre gut recherchierten Indianergeschichten die als Moralpredigten denunzierten Abenteuer aus der Feder Karl Mays. Ironischerweise gab Welskopf-Henrich später einmal als Quelle ihrer Inspiration Karl Mays Winnetou an.

Ähnliches sollte sich sehr bald auch in den Lichtspielhäusern der DDR wiederholen, als am 18. Februar 1966 die Verfilmung des ersten Teils von Welskopf-Henrichs Romanzyklus »Die Söhne der Großen Bärin« in die Kinos kam. Kurioserweise

Ostberlin am 4. Juli 1987: Die Indianervereine nehmen vor 700 000 Zuschauern am Festumzug zum 750. Geburtstag der Stadt Berlin teil.

hatte sich die Produktionsfirma ebenfalls für Jugoslawien als Drehort und für Gojko Mitic als Hauptdarsteller entschlossen, der im selben Jahr noch für die Karl May Produktion »Unter Geiern« vor der Kamera stand. Sie drehten in den gleichen Kulissen, nutzten die von Wendlandt etablierte Infrastruktur und beschäftigten die gleichen Komparsen und Stuntmen. Mit diesem Film lief Gojko Mitic aber seinem West-Konkurrenten Pierre Brice – und somit vor allem Karl Mays zentraler Figur Winnetou – für mehr als zwei Dekaden in der DDR den Rang ab.

So sehr sich die Filme auf den ersten Blick glichen, so unterschiedlich war ihr Inhalt. Während sich die Karl-May-Filme wie viele Hollywoodproduktionen auf Geschichten mit fiktiven Outlaws, Siedlern und Trappern konzentrierten, drehten die Indianerfilme der DDR das bis Ende der 1950er Jahre gängige US-Western-Klischee des barbarischen Ureinwohners als Gegenpart der Zivilisation herum und ließen den »guten Indianer«, oftmals historische Figuren, in den Freiheitskampf gegen den imperialistischen Yankee reiten. So verbreitete sich das Bild des guten, für die Freiheit kämpfenden Indianers in den Köpfen der Jugend der DDR. Können die Anfänge der Indianerfilme noch als eine Reaktion auf die erfolgreiche Karl May Welle in der Bundesrepublik gedeutet werden, so entwickelten sie sich bald zu einer neuen Sparte des Genres »Western« und thematisierten den vergeblichen Kampf der untergegangenen Kultur der Indianer. Sie taten dies wesentlich emotionaler und anklagender als es westliche Western jemals zuvor taten. In diesem Zuge entstanden Anfang der 1970er Jahre die Indianerfilme »Osceola« (1971), »Tecumseh« (1972), »Apachen« (1973) und »Ulzana« (1974).

Mit Abstrichen kann auch der Film »Blutsbrüder« von 1975 noch dieser Gruppe zugeordnet werden. Wie gewohnt spielte Gojko Mitic die indianische Hauptfigur, jedoch wurde ihm erstmals mit dem in der DDR lebenden US-Amerikaner Dean Reed eine weiße Heldenfigur zur Seite gestellt. In den Filmen der 1970er Jahre zeigte sich im Vergleich zur frühen Phase der DEFA Indianerfilme, eine allmähliche Routine und Souveränität in der Beherrschung westerntypischer Filmtechniken. Filmästhetik und Anspruch ergänzten sich in diesen Produktionen und lieferten somit ein anschaulicheres Produkt als es noch in den 1960er Jahren der Fall war.

Da bis in die 1960er Jahre hinein Hollywood nur sehr selten einen Western mit Indianerthematik verwirklichte, waren die DDR Indianerfilme auch in diesem Punkt ein Novum. Während die Handlungen vieler amerikanischer Western die Besiedlung des Kontinents als Erfolgsgeschichte darstellten und somit einen Gründungsmythos der amerikanischen Nation immer wieder neu erzählten, standen die Indianerfilme der DDR in keiner Weise in Bezug zu amerikanischen Mythen und Erzählmustern. Die DEFA-Filme thematisierten die Besiedlung als Landraub und Verdrängung. Hierbei ging der Inhalt der Filme mit der allgemeinen öffentlichen Sensibilisierung für die Belange und Rechte der Native Americans in Kultur und Politik einher. Die Indianerfilme mögen aus heutiger Sicht ob ihrer filmischen Qualität gerne belächelt werden, zu Beginn der 1970er Jahre waren sie höchst politische und äußerst aktuelle Filme.

Während in der Bundesrepublik die Karl-May-Welle schnell wieder verebbte, spielte Gojko Mitic bis Anfang der 1980er Jahre in den Indianerfilmen der DDR immer wieder den indianischen Helden, der sich stets gegen die Ausbeutung und Unterdrückung durch weiße Usurpatoren stellte. Die DEFA-Produktion »Der Scout« von 1983 beendete die 1965/66 begonnene Filmreihe.

Kurz vor dem Ende der DDR und nach der öffentlichen Rehabilitierung Karl Mays spielte jetzt auch Gojko Mitic Karl May. 1988 schlüpfte er in die Rolle des »Bärenauges« in der zweiteiligen DDR-Fernsehproduktion »Präriejäger in Mexiko«, die auf den May-Romanen »Benito Juarez« und »Trapper Geierschnabel« basierte. Dieser Film nahm bereits vor dem Fall der Mauer Mitics Zukunft vorweg: Nach der Wende wurde er der Nachfolger von Pierre Brice in der Rolle des Winnetou bei den Karl-May-Festspielen von Bad Segeberg.

Noch heute wird oft im Internet kolportiert, dass die Indianerfilme der DEFA historisch getreu und frei von jeglicher Propaganda seien. Sie stellen zwar das Leben der Indianer realistischer dar als die Filme anderer Länder, aber auch dieser Aspekt wird nicht so weit beleuchtet, dass es dem Anspruch einer historisch getreuen Verfilmung gerecht werden würde. Große Defizite einer Ausgewogenheit finden sich in der Darstellung der Gegenspieler: Sie sind auf kapitalistische, rücksichtslose Yankees reduziert. Frei von Propaganda sind die Filme sicherlich nicht; sie ist nur subtiler, da sie ein unterdrücktes Volk zum Helden erwählt, während die westlichen Filme die überlegene Kultur in ihrer Selbstherrlichkeit feiern. In jedem Fall bilden die Filme an sich ein Werk voller Nostalgie und demonstrieren, dass der »Wilde Westen« in der deutschen Populärkultur, ganz gleich im Rücken welcher Propaganda, Hochkonjunktur hatte.

How the West was Won

Die Geschichte des Wilden Westens

Entdeckung

Reisen in das Unbekannte

Nichts scheint im 19. Jahrhundert die amerikanische Nation so sehr vorangebracht zu haben, wie die Expansion nach Westen. An dem Drang sich über den Kontinent auszudehnen, entwickelte sich eine wirtschaftliche wie gesellschaftliche Dynamik, die sich auch positiv auf die alten Gebiete im Osten auswirkte. Zunächst leitete der Friedensschluss von Paris 1783, der den amerikanischen Unabhängigkeitskrieg beendete, den ersten Schritt der Westexpansion ein. In dem Friedensvertrag erkannte Großbritannien nicht nur die Unabhängigkeit seiner dreizehn ehemaligen Kolonien an, es verzichtete auch auf alle Gebiete bis zum Mississippi River. War die Westgrenze der britischen Kolonien bis dahin durch den Kamm des Appalachengebirges festgelegt, gehörte nun das gesamte Gebiet bis zum Mississippi River zu den Vereinigten Staaten. Doch damit hatten einige noch nicht genug, und so kamen bereits wenige Jahre später, 1789, im Jahr der Ratifizierung der Verfassung, in der Bevölkerung und in der Politik Stimmen auf, die deutlich den Anspruch auf den Westen jenseits des Mississippi erhoben. Aus europäischer Sicht gehörten diese Gebiete teilweise zu Neuspanien, dem späteren Mexiko, sowie zu Frankreich, das einen Großteil des nordamerikanischen Kontinents besaß. Dieses Gebiet war nach dem französischen König Louis XIV., dem Sonnenkönig, Louisiana benannt.

Schon früh zeigte sich ein stark ausgeprägtes Sicherheitsdenken in der amerikanischen Politik. Eine europäische Kolonialmacht wollte man in Nordamerika nicht mehr dulden. Zu groß war die Angst vor dem Verlust der Unabhängigkeit und der Demokratie an die europäischen Monarchien. Der spätere amerikanische Präsident James Madison (Präsident von 1809 bis 1817) sah in der Eroberung und in der Eingliederung des Westens in die amerikanische Union den Schutz aller Amerikaner. Ein schwaches Kanada im Norden und ein schwaches Mexiko im Süden war daher stets das Ziel der amerikanischen Außenpolitik im 19. Jahrhundert. Einen Nachbarn im Westen sollte es nicht geben. Der Geograf Jedediah Morse, Vater jenes Samuel F.B. Morse, der den berühmten Morsecode entwickelte, brachte es 1789 auf den Punkt: »Der Mississippi war nie als westliche Grenze der Vereinigten Staaten gedacht.« Für den dritten Präsidenten der USA, Thomas Jefferson (Präsident von 1801 bis 1809), war der Westen ein Jungbrunnen, die Zukunft für die amerikanische Nation. So ist es nicht verwunderlich, dass er sofort zugriff, als es ihm 1803 die Spannungen in Europa ermöglichten, Louisiana von Frankreich zu erwerben und damit die Fläche der Vereinigten Staaten nahezu zu verdoppeln.

Die amerikanische Politik unterstrich von Anfang an ihren Anspruch auf den Westen Nordamerikas. Allerdings waren die Größe und die Beschaffenheit des späteren Wilden Westens zu diesem Zeitpunkt noch fast unbekannt. Doch gerade das beflügelte die Phantasie von amerikanischen Politikern, Pelzhändlern und Künstlern, aber auch von europäischen Adeligen, den »unberührten« Westen zu erkunden. Es galt einen Kontinent zu entdecken, und wer als Erster im Osten über die Naturwunder berichten konnte, erhoffte sich, dafür Ansehen, Anerkennung und Berühmtheit zu erlangen. Für andere war der Western der ideale Zufluchtsort vor dem Fortschritt im Osten. Hier konnten sie sich ihren Traum von Freiheit und Abenteuer verwirklichen.

Expedition von Lewis und Clark
Zebulon Pike's Expedition 1805
Zebulon Pike's Expedition 1806/07
Heimatland der Indianerstämme
an die Indianer übertragenes Land westlich des Mississippi
Daten und Routen der Umsiedlung

0 100 200 300 400 500 km

Thomas Jeffersons Vision

Präsident Thomas Jefferson hatte seine eigene Vision von der Zukunft des amerikanischen Westens, und die Möglichkeit, Louisiana den Vereinigten Staaten anzugliedern, passte zu dieser Vorstellung. Er rechnete damit, dass immer mehr Europäer nach Amerika kommen und eines Tages den ganzen Kontinent von Ost nach West besiedeln würden. Die Siedler sollten in Nordamerika in einer amerikanischen Republik aus freien, unabhängigen Bür-

gern leben, die als Pflanzer, Bauern und Handwerker das von Jefferson idealisierte Empire of Liberty bilden würden. Hierfür wollte der Präsident die Weichen stellen. Denn die amerikanischen Städte sollten sich nicht zu Molochen entwickeln, in denen es Reichtum und Luxus direkt neben Hunger und Armut gäbe, und der Alltag der Republik von sozialen Spannungen geprägt wäre.

Neben den ehemals englischen Kolonisten waren auch andere Europäer nach Nordamerika gekommen. Die Franzosen beanspruchten das Land vom

Nordamerika im ersten Drittel des 19. Jahrhunderts: Expeditionen und erste Umsiedlungen.

Die Unterzeichnung des Kaufs von Louisiana. Marquis Francois de
Barbe-Marbois, Robert Livingston und James Monroe am 30. April
1803 in Paris.

St. Lorenz Strom über den Mississippi bis zum Golf von Mexiko und nannten es Neufrankreich. Die Spanier hatten schon früh das Aztekenreich in Mexiko erobert und dehnten Neuspanien von Mexiko immer weiter nach Norden aus, im Siebenjährigen Krieg bekamen sie sogar Louisiana zugesprochen. Als Spanien im Jahr 1800 Louisiana an Frankreich zurückgab, befürchtete Präsident Jefferson zunächst, dass die Franzosen wieder Fuß in Nordamerika fassen könnten und Napoleon die Chance nutzen würde, das französische Kolonialreich in Nordamerika wieder aufzubauen. Schon lange hatte Jefferson geplant, Frankreich die Stadt New Orleans abzukaufen, um so den amerikanischen Handel auf dem Mississippi zu erleichtern. Die alte französische Handelsstadt lag verkehrstechnisch günstig an der Mündung des Mississippi River in den Golf von Mexiko. Daher sandte er zwei Unterhändler, James Monroe und Robert R. Livingston, nach Frankreich, um über einen möglichen Kauf der Stadt zu verhandeln. Zu ihrer Überraschung bekamen die beiden Unterhändler von Napoleon nicht nur New Orleans, sondern das gesamte Louisiana-Gebiet angeboten. Offensichtlich hatte der französische Kaiser kein Interesse an nordamerikanischen Kolonien. Er hatte Europa mit Kriegen überzogen und benötigte alle verfügbaren Ressourcen dafür. Die Abgesandten stimmten dem Kauf von Louisiana zu, obwohl sie nicht einmal wussten, wie groß dieses Gebiet wirklich war. Jefferson übernahm die Verantwortung und zahlte im Frühjahr

Thomas Jefferson zählt zu den großen Persönlichkeiten der US-Geschichte. Neben seiner Beteiligung an der Unabhängigkeitserklärung gilt der Kauf von Louisiana als seine bedeutendste historische Leistung. Sein Bildnis ziert neben den drei Präsidenten George Washington, Abraham Lincoln und Theodore Roosevelt den Mount Rushmore in South Dakota. Thomas Jefferson wurde 1743 bei Charlottesville, Virginia geboren und starb am 4. Juli 1826 auf seinem Landsitz Monticello. Sein Denken war von den Ideen der Aufklärung bestimmt. Politisch setzte er sich für die Trennung von Staat und Religion ein, für die Freiheit des Einzelnen und die föderale Struktur der USA. Im Westen Nordamerikas sah Jefferson die Zukunft der Vereinigten Staaten. Er nahm allerdings an, dass es etwa hundert Generationen bräuchte, bis der Kontinent besiedelt wäre. Von den Indianern erhoffte er, dass sie sich der amerikanischen Kultur anpassen und sesshaft würden. Sollten sie dies nicht tun, erwog bereits er eine Umsiedlung. Hierzu kam es allerdings weder während seiner Präsidentschaft noch zu seinen Lebzeiten.

1803 schließlich 15 Millionen Dollar für den französischen Besitz, der sich von Mexiko bis Kanada und vom Mississippi bis zu den Rocky Mountains erstreckte. Auf einen Schlag verdoppelte sich nun das Staatsgebiet der USA. Allerdings war der jetzige Westen der USA größtenteils noch unbekannt und unerforscht. Zudem lebten in dem Gebiet nicht nur französische Siedler, sondern auch unzählige Indianerstämme, die das Land als das Ihre betrachteten.

Die Expedition von Lewis und Clark

Die Entschlossenheit von Präsident Thomas Jefferson, den Westen Nordamerikas für die Vereinigten Staaten zu gewinnen, zeigte sich vor allem in der Planung einer Überlandexpedition bis an den pazifischen Ozean, um so den Anspruch der USA zu verdeutlichen. Eine solche Überlandexpedition lag ihm sehr am Herzen und so beauftragte er einen Mann seines Vertrauens: Sein Sekretär und langjähriger Weggefährte Meriwether Lewis, zugleich ein Captain der US-Army, sollte die Expedition vorbereiten und eine spezielle Schulung in Medizin, Kartografie und Geografie erhalten. Lewis durfte sich zudem einen Partner auswählen, der ihm dabei zur Hand gehen sollte. Er entschied sich für Lieutenant William Clark, den er aus der Army kannte, und der bereits in seiner Jugend erste Erfahrungen mit den Indianern an der Siedlungsgrenze von Kentucky gesammelt hatte. Obwohl Lewis den höheren militärischen Rang innehatte und letztendlich die Verantwortung für die Expedition trug, leiteten beide das Unternehmen gemeinsam.

Präsident Jefferson gab die Ziele dieser Entdeckungsreise vor: Lewis und Clark sollten die Flora und Fauna des Louisiana-Gebietes erkunden, neue Verkehrswege in den Westen entdecken und friedliche Beziehungen zu den einzelnen Indianerstämmen knüpfen. Die große Hoffnung des Präsidenten lag allerdings darin, einen Wasserweg zur Westküste zu finden, um Handel und Verkehr von Ost nach West sowie ins Landesinnere zu erleichtern. Sein Auftrag ging aber weit über das Gebiet des Louisiana Purchase hinaus. Lewis und Clark sollten bis an den Pazifik vordringen und somit auch in das zu diesem Zeitpunkt noch von den Briten beanspruchte Oregon-Gebiet im Nordwesten. »Das Tal des Columbia River gehört ausnahmslos uns. Wir haben es entdeckt,« unterstrich Jefferson wenige Jahre später den eigenen, amerikanischen Anspruch auf Oregon.

Für die Überlandexpedition stellten Lewis und Clark eine nahezu 50 Mann starke Truppe mit indianischen Scouts und Dolmetschern auf. Die Expedition war mit Waffen und Lebensmitteln sowie mit vielerlei Handelswaren für die Indianer ausgestattet. Zudem trugen Lewis und Clark die besten technischen Gerätschaften der Zeit wie Thermometer, Sextant und verschiedene medizinische Instrumente mit sich. Als Transportmittel benutzten sie ein 18 Meter langes Boot sowie zwei kleinere Beiboote.

Nach Monaten der Vorbereitung war es am 14. Mai 1804 schließlich so weit. William Clark brach mit dem größten Teil der Truppe nach St. Charles auf, wo sie am 21. Mai mit Meriwether Lewis zusammentrafen. Gemeinsam ging es nun in den Booten flussaufwärts zur Quelle des Missouri River. Sie fuhren zunächst durch einen Westen, der bereits Vergangenheit und Zukunft in sich vereinte. Entlang des Missouri passierten sie französische Siedlungen, Dörfer von Mestizen und französisch sprechenden Kreolen, die seit der Mitte des 18. Jahrhunderts dort siedelten, trafen auf Indianerstämme, die aus dem Osten, hauptsächlich aus dem Ohio-Tal, in den Westen geflüchtet waren, und auf die ersten Ameri-

Meriwether Lewis (2. von rechts) und William Clark unterbreiten befreundeten Indianer die Botschaft von Präsident Jefferson.

Die legendenumwobene Schoschonin **Sacagawea** stieß gemeinsam mit ihrem Mann, dem Trapper Toussaint Charbonneau, im
Winter 1804 auf die Expedition von Lewis und Clark. Sie stellten
beide ihre Erfahrungen in der Wildnis und ihre guten Kontakte zu den
Indianern in den Dienst der Expedition. Im Winterlager in Fort Mandan brachte die junge Indianerin am 11. Februar 1805 ihr erstes Kind
zur Welt. Der Junge wurde auf den Namen Jean Baptiste getauft – von da
an das jüngste Mitglied der Gruppe. Im weiteren Verlauf der Reise, als
die Expedition auf den Stamm der Schoschonen traf, erfuhr Sacagawea
von ihrem Schicksal. Sie war etwa 1788 in Iowa als Tochter eines Scho-
schonenhäuptlings geboren und als Kind von den Hidatsa entführt worden. Später wurde sie an den Trapper Toussaint Charbonneau verkauft.
Sie war also in Wirklichkeit die Schwester des jungen Häuptlings Cameahwai. Durch diese Begegnung wurden die Schoschonen als Freunde
des Expeditionsteams gewonnen. Cameahwai stattete die Expedition
seiner Schwester mit Pack- und Reitpferden für die Überquerung der
Rocky Mountains aus. Obwohl Sacagawea durch ihre große Bedeutung
für die Expedition schon früh zu einiger Berühmtheit gelangt war, gibt
sie bis heute Rätsel auf. Weder konnte man Genaueres über ihr Leben
nach der Expedition noch über ihr Sterbedatum in Erfahrung bringen.
Aller Wahrscheinlichkeit nach starb Sacagawea bei der Geburt ihrer
Tochter Lisette am 22. Dezember 1812. William Clark adoptierte daraufhin die beiden Kinder. Eine andere, eher unglaubhafte Version geht
davon aus, dass sie bis 1884 lebte. In jüngster Zeit erinnert man sich in
den USA wieder verstärkt an sie. Mehrere Berge und Seen wurden nach
ihr benannt, und im Jahre 2000 wurde ihr Porträt auf die neue Ein-
Dollar-Münze geprägt.

kaner, wie den Pionier und Urvater aller »frontiers-
men«, Daniel Boone. Er hatte sich mit seinen Angehörigen im Westen niedergelassen, um in der freien
Natur zu leben.

Während der Fahrt teilten sich Lewis und Clark
die Aufgaben. William Clark war für die Navigation
der Boote sowie für die Kartografie des Flusses und
der Region zuständig, während sich Meriwether
Lewis an Land begab, um Pflanzen zu sammeln und
Skizzen von der Landschaft anzufertigen. Nach drei
Monaten Fahrt trafen sie im August 1804 zum ersten
Mal auf Indianer. Es waren Mitglieder des Stammes
der Oto. Gemäß den Anweisungen von Präsident
Jefferson galt nun jede Bemühung der Herstellung
eines friedlichen Kontaktes mit den Oto. Die historische, erste offizielle Zusammenkunft zwischen
Vertretern der Vereinigten Staaten von Amerika
und einem Indianerstamm fand am 3. August 1804
statt. Während der Unterredung gelang es Lewis
und Clark, das Vertrauen und die Freundschaft der
Ureinwohner zu gewinnen. Danach übergaben sie
den Oto Münzgeld mit dem Bildnis Thomas Jeffersons, eine US-Flagge und präsentierten die Techno-
logie ihrer Gerätschaften.

Doch es kam auch zu weniger friedlichen Begeg-
nungen. Ende September erreichte die Expedition
das Gebiet der Teton-Sioux. Lewis und Clark luden
den Häuptling an Bord ihres Kielbootes ein und
versuchten, sich mit ihm zu verständigen. Black
Buffalo allerdings hatte kein Interesse an einem
friedlichen Austausch, sondern nahm eine abwei-
sende und feindliche Haltung gegenüber den Fremden ein. William Clark befürchtete eine Eskalation
der Situation und ließ den Häuptling von Bord bringen, was schließlich zu Handgreiflichkeiten führte.
Die angespannte Lage spitzte sich zu und endete
damit, dass die Indianer zu ihren Waffen griffen
und ihre Bogen auf die Expeditionsmitglieder anlegten. Diese antworteten auf die Bedrohung und
legten ihrerseits ihre Gewehre auf die Teton-Sioux
an. Bevor es jedoch zum Schusswechsel kam, der
sicherlich verheerende Folgen für beide Seiten ge-
habt hätte, sprang Clark mit seinem Säbel in die
Mitte und versuchte mit seiner ernsten, autoritären
Ausstrahlung Ruhe zu verbreiten. Dann befahl er
seinen Männern, die Waffen zu senken und sich
zurückzuziehen. Die Indianer honorierten seinen
Mut, senkten ihrerseits die Waffen und zogen sich
ebenfalls zurück. Diese Episode fand schnell ihren
Weg zu anderen Indianerstämmen, und so eilte
Clarks Ruf als kühner, friedliebender Mann ihm
auf der Expedition weit voraus und brachte ihm die
Achtung vieler Häuptlinge ein.

Das Winterlager schlug die Expedition Ende Oktober 1804 am Oberlauf des Missouri River auf. Hier trafen sie auf die Mandan Indianer, die ihnen freundlich gesinnt waren. Über Winter pflegten sie den guten Kontakt mit den Indianern und tauschten schließlich Lebensmittel und warme Pelze gegen die mitgeführten Waren. Den Mandan zu Ehren taufte Clark das Hüttenlager, das er zur Überwinterung auf der anderen Seite des Flusses, direkt gegenüber dem Indianerdorf, hatte errichten lassen, auf den Namen »Fort Mandan«. Im Winterlager machten sie auch die Bekanntschaft des französisch-kanadischen Trappers Toussaint Charbonneau, der gemeinsam mit seiner jungen Frau, der Schoschonin Sacagawea, durch die Wildnis streifte. Sie schlossen sich der Expedition an, wobei Sacagawea eine große Hilfe für die Expedition war, da sie als Dolmetscherin und Vermittlerin zwischen der Expedition und den Schoschonen beziehungsweise den Nez Percé fungierte und zudem zeitweise als Kundschafterin die Truppe führte.

Nach dem Winterlager brachen Lewis und Clark Anfang April 1805 wieder in Richtung Westen auf. Dabei stießen sie auf ihr bislang größtes Hindernis: die großen Wasserfälle des Missouri, die Great Falls. Sie konnten dieses atemberaubende Naturschauspiel nur überwinden, indem sie ihre Boote an Land hievten und sie vier Wochen lang am unwegsamen Ufer entlangzogen, bis sie sie jenseits der Wasserfälle wieder ungefährdet zu Wasser lassen konnten. Sie folgten dem Fluss immer weiter in der Hoffnung, schließlich doch noch einen Wasserweg an den Pazifik zu finden. An der Quelle des Missouri River angekommen, mussten Lewis und Clark jedoch erkennen, dass es diesen Weg nach Westen nicht gab. Zudem sahen sie sich nun mit einer neuen Herausforderung konfrontiert. Sie mussten die gewaltige Bergkette der Rocky Mountains passieren, wollten sie den Pazifik wirklich erreichen. Auf der Suche nach einem geeigneten Pass traf die Expedition auf eine Gruppe Schoschonen und setzte sich auch mit ihnen zu Friedensverhandlungen zusammen. Sie ertauschten Packpferde und erhielten den indianischen Kundschafter Old Toby, der sie sicher durch die Rocky Mountains führen sollte. Zunächst wanderten sie entlang dem Clearwater River, dann dem Snake River und entdeckten schließlich einen Seitenarm des Columbia River, dem sie folgten, bis sie im November 1805 als erste US-Amerikaner den Pazifischen Ozean erreichten. An der Mündung des Columbia River schlugen sie ihr Winterlager, das Fort Clatsop, auf, in dem sie bis Mitte März 1806 verweilten.

Ohne die Hilfe der Schoschonin Sacagawea wäre die Überlandexpedition von Meriwether Lewis und William Clark nicht so erfolgreich und reibungslos verlaufen. Als indianische Heldin nimmt sie ihren rechtmäßigen Platz in der amerikanischen Erinnerungskultur ein.

Nach einem kalten und langen Winter am rauen Pazifik brachen Lewis und Clark am 23. März 1806 wieder zurück in Richtung Osten auf. Über den Sommer teilten sie die Mannschaft in zwei Gruppen, um ein größeres Gebiet erforschen zu können. Während Meriwether Lewis wie schon auf der Hinreise am Missouri entlang zog, hatte William Clark die Idee für eine andere Route. Mit einigen Männern wollte er einen südlicheren Pfad erkunden, und so trennte sich die Expedition zunächst für einige Zeit. Während Clark den Yellowstone River erforschte, geriet Lewis im Juli 1806 in einen folgenschweren Konflikt mit den Blackfoot-Indianern.

Die Blackfeet hatten seit Jahrzehnten den Ruf, den europäischen Entdeckern und Eroberern feindselig gesinnt zu sein. Diese europäisch-amerikanische Annahme war jedoch reine Schwarzweißmalerei. Die Situation in Montana, wo die Blackfeet lebten, war wesentlich komplexer. Tatsächlich lebten die Indianer seit etwa 20 Jahren in Frieden mit französischen und kanadischen Trappern und Pelzhändlern, die mit ihnen Wolfs- und Biberpelze gegen Waffen, Munition und Alkohol tauschten. Die Blackfeet profitierten von dieser Handelsverbindung. Darüber hinaus halfen ihnen die neuen Waffen, die benachbarten und rivalisierenden Stämme der Nez Percé sowie der Schoschonen zu dominieren. Obwohl die Blackfeet in Kontakt mit mehreren Pelzhändlern standen, großes Vertrauen gegenüber den Amerikanern hegten sie nicht.

Als Meriwether Lewis auf acht Blackfoot-Indianer traf, konnten beide Seiten schließlich die anfänglichen Ängste und Vorbehalte überwinden. Lewis erzählte den Indianern von der guten Absicht der Regierung in Washington und lud die Häuptlinge zu Thomas Jefferson nach Washington ein. Dann fuhr er fort und beschrieb einen fortwährenden Frieden zwischen den Stämmen des Westens und fügte hinzu, dass die Schoschonen und die Nez Percés diesem bereits zugestimmt hatten und bald von den Amerikanern versorgt und in ein Handelsnetz eingebunden werden sollten. Lewis hatte keine Ahnung, dass es sich dabei um die Todfeinde seiner Gesprächspartner handelte. Für die Blackfeet bedeuteten die amerikanischen Pläne eine direkte Bedrohung. Wenn die Schoschonen und die Nez Percé ebenfalls Waffen und Munition erhielten und zudem mit den Amerikanern verbündet wären, würden sie sich mit Sicherheit gegen die Blackfeet erheben – und mit Hilfe der amerikanischen Waffen vernichten. Doch Lewis wusste die plötzlich angespannte Stimmung nicht zu deuten.

In der Nacht eskalierte die Situation schließlich, als die Indianer versuchten, die Waffen der Entdecker zu stehlen. Im folgenden Schusswechsel wurden zwei Indianer getötet, die übrigen flüchteten und berichteten ihren Häuptlingen, was die Amerikaner planten. Von diesem Zeitpunkt an betrachteten die Blackfeet die Amerikaner, ganz gleich ob es altbekannte Pelzhändler oder neue Siedler aus Europa waren, als Feinde. Zudem markierte dieser Vorfall den Beginn eines fast 90 Jahre andauernden Blutvergießens zwischen den Prärieindianern und den USA.

Etwa zwei Wochen nach diesem Ereignis trafen sich beide Gruppen der Expedition wieder und erreichten schließlich am 14. August Fort Mandan, wo Sacagawea und ihr Mann zurückblieben. Die berühmt gewordene Entdeckungsreise ging am 23. September 1806 zu Ende, als Lewis und Clark nach knapp zweieinhalb Jahren ihren Ausgangs-punkt St. Louis wieder erreichten. Sie hatten viele Vorgaben Jeffersons erfüllt, auch wenn sie den erhofften Wasserweg nach Westen nicht entdecken konnten. Sie knüpften viele friedliche Kontakte zu Indianerstämmen, entdeckten 176 neue Pflanzenarten und über hundert neue Tierarten und fertigten ungefähr 140 Landkarten des Westens an. Diese erwiesen sich als hilfreiches Material für die zukünftigen Pioniere und Pelztierjäger. Durch ihre Aufzeichnungen angeregt starteten bald weitere Unternehmungen dieser Art, um den Westen Nordamerikas zu erforschen.

Zebulon Pike und der Südwesten

Noch während Meriwether Lewis und William Clark durch die Weiten des Kontinents unterwegs waren, geriet der Westen bereits in das Blickfeld anderer. Der in mehrere politische Intrigen involvierte General James Wilkinson, den Präsident Jefferson 1805 zum Gouverneur des Louisiana Territoriums ernannt hatte, plante einen eigenen Staat im Westen. Er stattete nun seinerseits zwei Expeditionen aus, die ihm über die Größe und Beschaffenheit des neuen Landes berichten sollten. Mit der Leitung beauftragte er den in New Jersey geborenen Offizier Lieutenant Zebulon Montgomery Pike.

Pikes Befehle für die erste Mission lauteten: Er sollte mit einigen Trappern, die ihm als Kundschafter dienten und das Gebiet mehrfach bereist hatten, den Oberlauf des Mississippi erkunden und vor allem dafür sorgen, dass die kanadischen Pelzhändler aus dem Einflussgebiet der Vereinigten Staaten verschwänden. Am 9. August 1805 verließ er mit einem Kielboot St. Louis und fuhr in Richtung Norden. Er überwinterte an den Quellen des Mississippi und überlebte nur mit Hilfe der Pelzhändler, die er von den USA fern halten sollte. Im April 1806 war er wieder zurück bei Wilkinson in St. Louis. Bald nach seiner Rückkehr erhielt er den Befehl, eine weitere Expedition zu planen und durchzuführen. Von St. Louis aus sollte er in den Südwesten zur mexikanischen Grenze vordringen.

Am 15. Juli des gleichen Jahres brach er wiederum von St. Louis – diesmal in Richtung Südwesten – auf. Er durchstreifte die weiten Prärien, durchquerte das heutige Kansas und traf auf die Stämme der Osagen und Pawnee, mit denen er Frieden schloss. Im Süden des heutigen Staates Colorado hatte er die Rocky Mountains vor sich. Pikes Truppe versuchte, die Bergkette mit bis zu 4000 Metern hohen Gipfeln zu überqueren, wurde aber von einem extrem kalten Winter überrascht und musste dieses Vorhaben aufgeben. Aufgrund der Kälte beschloss Pike, seine Expedition nach Süden in das wärmere Mexiko zu führen. Müde und ausgehungert überschritt er die mexikanische Grenze, geriet am 26. Februar in Gefangenschaft und wurde nach Santa Fé ins Gefängnis gebracht. Nach einiger Zeit wurde er schließlich freigelassen und über Texas zurück nach St. Louis geschickt.

Diese zweite Expedition lieferte einen viel beachteten und weit verbreiteten Bericht über die südlichen Prärien. Pike beschrieb die Gegend allerdings als nicht für eine Besiedlung geeignet, da er die wüste Einöde, die er dort vorfand, für unfruchtbar hielt. Aufgrund dieser Annahme mieden die meisten Siedler über Jahrzehnte diese Region.

Doch wie wirkte sich das auf die Pläne von General James Wilkinson aus? Einen handfesten Beweis dafür, dass er wirklich einen eigenen Staat im Westen gründen wollte, fand man nicht. Der US-Senat untersuchte den Fall, kam jedoch zu keinem Ergebnis. Präsident James Madison (Präsident von 1809 bis 1817) ordnete 1811 noch einmal ein Kriegsgerichtsverfahren an. Wilkinson wurde aber freigesprochen und erhielt im folgenden Jahr den Rang eines Generalmajors, um im Krieg von 1812 gegen Großbritannien zu kämpfen.

Der Pelzhandel

Zu Beginn des 19. Jahrhunderts teilten zwei große britisch-kanadische Unternehmen den Pelzhandel auf dem nordamerikanischen Kontinent unter sich auf. Es war auf der einen Seite die größere Northwest Company und auf der anderen Seite die alteingesessene Hudson's Bay Company, deren Gründung bis ins 17. Jahrhundert zurückreichte. Wie ihre Namen schon sagen, konzentrierte die eine ihre Handelsbemühungen um die Hudson Bay, während die andere ihr Einflussgebiet etwas weiter südlich zwischen den Großen Seen und dem St. Lorenzstrom ansiedelte. Beide Unternehmen kämpften seit dem Ende des 18. Jahrhunderts erbittert und mit Waffengewalt um die Vorherrschaft im Pelzhandel. Dabei kam es teilweise zu kriegerischen Auseinandersetzungen, Zerstörung der konkurrierenden Handelsschiffe sowie Angriffen auf die Forts des jeweiligen Konkurrenten.

Nachdem die beiden Unternehmen die Natur in ihren Einflussgebieten geplündert und den Bestand an Bibern und anderen Pelztieren stark reduziert hatten, bemühten sie sich in erster Linie darum, neue Jagdgebiete zu lokalisieren und es dem Gegner unmöglich zu machen, in die gleiche Richtung zu expandieren. Das Louisiana-Gebiet sowie die

Abenteuerlustige und Zivilisationsflüchtlinge machten sich in die unbekannten Weiten des Westens auf. Sie schlossen Freundschaft mit einigen Indianer und lebten fern in der Einsamkeit der Natur.

Der 450 Kilometer lange Grand Canyon wurde in Jahrmillionen vom Colorado River in das Gestein gegraben. Jährlich bestaunen etwa fünf Millionen Besucher das Naturwunder.

Stützpunkte wie das Fort Laramie versorgten mit ihren Ausstattungs- und Versorgungsläden die umherziehenden Trapper aber auch die Siedlertrecks.

Regionen jenseits der Rocky Mountains mit ihren üppigen Tierbeständen schienen beiden Unternehmen die richtigen Jagdgründe für den Nachschub an Pelzen zu sein. Daher schickten beide Seiten Waldläufer und Fallensteller dorthin, die so weit auf amerikanischen Boden vordrangen, dass drei Viertel der Pelze, die von den Unternehmen gehandelt wurden, aus den Gebieten der USA kam. Das war der amerikanischen Regierung unter Präsident Thomas Jefferson natürlich ein Dorn im Auge.

Der Präsident war hoch erfreut, als er erfuhr, dass der New Yorker Kaufmann John Jacob Astor anstrebte, innerhalb der nächsten Jahre mit einer neuen, amerikanischen Handelsgesellschaft, der American Fur Company, den Pelzhandel im Louisiana-Gebiet unter amerikanische Kontrolle zu bringen und die britischen Gesellschaften aus dem Einfluss- und dem Staatsgebiet der USA zu verdrängen.

Hierzu plante Astor, verschiedene Handelsposten von St. Louis bis an den pazifischen Ozean entlang der Route der Lewis-und-Clark-Expedition zu errichten. Hinter der Gründung der American Fur Company sah Jefferson einen Schritt von nationaler Wichtigkeit und besonderer Bedeutung für die Westexpansion. Außerdem sah er die Möglichkeit, den Westen des Kontinents für die USA verkehrstechnisch zu erschließen.

Der Höhepunkt von Astors Unternehmungen war im Jahre 1811 die Gründung von Fort Astoria, der ersten amerikanischen Siedlung am Pazifik, die er genau an der Stelle errichten ließ, an der die Expedition von Lewis und Clark 1805/06 überwintert hatte. Um diesen Außenposten zu gründen, finanzierte Astor eine Gruppe, die mit einem Schiff um Kap Horn bis zur Pazifikküste Oregons segelte, sowie eine Überlandexpedition, die den Kontinent überquerte und dabei der Route von Lewis und Clark folgte. Die Mitglieder beider Expeditionen wurden als die Astorianer berühmt. Mit der Gründung von Astoria, so der Plan, könnten die Amerikaner den beiden britisch-kanadischen Unternehmen die Stirn bieten. Unglücklicherweise führte Jeffersons Nachfolger James Madison (Präsident von 1809 bis 1817) die USA in einen erneuten Krieg mit England, dem »Krieg von 1812«, der drei Jahre andauerte. In diesem Krieg verlor Astor die Siedlung an die Engländer und beschränkte seinen Pelzhandel von nun an auf die Region vom Mississippi River bis zu den Rocky Mountains.

Für die Pelzhandelsgesellschaften arbeiteten hauptsächlich Trapper und Fallensteller, die als erste US-Amerikaner ihren Weg in den Westen suchten. Mit ihrem Wegzug in die Natur entflohen sie der Zivilisation des Ostens und verwirklichten ihren Traum von Freiheit und Abenteuer. Sie waren aber zugleich die Vorboten genau dieser Zivilisation, die sie zu meiden versuchten. Sie waren diejenigen, die den nachfolgenden Siedlern und somit dem Fortschritt den Weg in den Westen ebneten. In der Wildnis versorgten sie sich größtenteils selbst. Benötigten sie spezielle Ausrüstungsgegenstände besorgten sie sich diese auf den jährlich stattfindenden »Rendezvous« der Trapper oder in einem der wenigen verstreuten Außenposten wie Fort Laramie.

Die Trapper und »mountain men« passten sich sowohl in ihrer Lebensart als auch in ihrer Ausstattung an die Indianer an. Bekleidet waren sie mit einer Jacke und einer Hose aus Leder mit Fransen, trugen eine Biberfellmütze und an den Füßen Mokassins. Ihre tägliche Nahrung bestand aus selbst

erlegten Tieren, eine Lagerung des Fleisches kam
für sie nicht in Frage. Ihren Lebensunterhalt erwirtschafteten sie als Fallensteller oder tauschten
die Felle direkt von befreundeten Indianern. Auf
ihren Wanderungen entdeckten sie neue Bergpässe,
Flüsse und Jagdgebiete, lebten alleine in der Wildnis und trotzten den Gefahren durch wilde Tiere,
feindliche Indianer und der rauen Witterung. Sie
pflegten generell freundschaftliche Beziehungen
zu den Ureinwohnern, mitunter überwinterten sie
bei verschiedenen Indianerstämmen oder nahmen
eine Squaw zur Frau.

Der große Boom des Pelzhandels dauerte von
1820 bis 1840, wobei sich bereits zu Beginn der
1830er Jahre der Bestand an Bibern deutlich reduziert hatte. Einer von John Jacob Astors Nachfahren
formulierte die Bedeutung des Pelzhandels rückbli-
ckend folgendermaßen: »Die lukrativen Gewinne
des Pelzhandels sind mit dem späteren Goldrausch
in Kalifornien vergleichbar. Beide waren das »El
Dorado« ihrer Zeit.«

Viele Indianerstämme wehrten sich jedoch gegen
die Zerstörung ihrer Lebenswelt durch die Ausrottung mehrerer Tierarten. Schließlich zeigten die
Geschäfte auch ihre hässlichen Seiten. Waren es
zuvor Tauschgeschäfte gewesen, die für beide Seiten Vorteile brachten, so handelten die Agenten der
Pelzhandelsgesellschaften nun vielerorts mit Alkohol. Begonnen hatte dies durch die unabhängigen
Pelzhändler, die den Alkohol einsetzen, um sich
gegen die großen Unternehmen behaupten zu können. Sie brannten Maisschnaps, pantschten Whisky
und süßten das Gebräu mit Zucker, um es bei den
Indianern gegen die begehrten Pelze zu tauschen.
Dies traf die Indianer ungewöhnlich hart, da ih-

Einige Trapper begaben sich nicht nur selbst auf die Jagd nach Tierfellen, die sie
bei den Trapper-Rendezvous verkauften, sie tauschten die Felle mit den Indianern
gegen Waffen, Munition, Alkohol, Schmuck und Alltagsgegenstände.

John Jacob Astor wurde am 17. Juli 1763 in Walldorf bei Heidelberg
geboren. Er wuchs in großer Armut auf und wanderte 1784 nach
New York aus. Als Erster schaffte den märchenhaften Aufstieg
»vom Tellerwäscher zum Millionär«. Erst importierte er Instrumente
aus London, dann widmete er sich dem Pelzhandel. Ab 1800 schickte er
Schiffe mit Pelzen und Sandelholz nach China, die Seide, Tee und Ge-
würze zurück nach New York brachten. 1808 gründete er die American
Fur Company, um den Pelzhandel im 1803 erworbenen Louisiana-Gebiet unter amerikanische Kontrolle zu bringen, und ließ 1811 die erste
amerikanische Siedlung am Pazifik errichten. Durch seine Handelsbemühungen und den Aufbau seiner Pelzhandelsstationen wurde schon
früh ein Verkehrsnetz etabliert, auf das die moderne Infrastruktur
aufbauen konnte. Als er am 29. März 1848 starb, hinterließ er seiner
Familie ein riesiges Vermögen sowie unzählige Immobilien und Grund-
stücke. In seinem Testament stiftete er die erste öffentliche Bibliothek
New Yorks und ein Armenhaus für seine Heimatstadt Walldorf.

In den 1820er und 1830er Jahren trafen sich die sonst auf sich alleine gestellten Trapper zu sogenannten »Rendezvous«, an denen auch ihre indianischen Tauschpartner sowie Vertreter der Pelzhandelsunternehmen teilnahmen. Diese Treffen hatten auf der einen Seite einen wirtschaftlichen Hintergrund, denn die Felle des vergangenen Jahres wurden abgeliefert, neue Aufträge besprochen und neuer Proviant sowie Ausrüstungsgegenstände gekauft. Auf der anderen Seite hatte es auch gesellschaftliche Funktion, da es das große Ereignis im Kalenderjahr eines Pelzhändlers war, an der er nach Monaten in der Wildnis auf Gleichgesinnte traf. Das erste Rendezvous wurde im Sommer 1825 am Henrys Fork, einem Zufluss des Green River, nahe dem heutigen McKinnon, Wyoming veranstaltet. Ein Treffen im Sommer bot sich an, da vor allem die Biber in dieser Zeit ihr Fell verloren und nicht gejagt werden konnten. Zu diesem Treffen kamen 91 Trapper sowie einige Cheyenne und Crow und Pelzjäger der britischen Hudson's Bay Company, die eigentlich nicht auf amerikanischem Boden handeln durften. Daraus entwickelte sich in den folgenden Jahren schnell eine Tradition, die zu größeren Zusammenkünften führte. Die Rendezvous wurden zu berauschenden Festen und verloren immer mehr ihren ursprünglichen Charakter. Es fanden Pferderennen, Ringkämpfe, Wettläufe, Wettschießen und andere Wettkämpfe statt. Für die Trapper waren die Rendezvous besonders lukrativ. Ein guter Fallensteller schleppte an die 400 Pelze zu einem Rendezvous und verkaufte sie dort. Da er von seinem Erlös wieder Waren wie Whiskey, Kaffee und Tabak sowie etliche Ausrüstungsgegenstände und Waffen kaufte, entwickelten sich diese Treffen zum ertragsreichsten Umschlagplatz im Wilden Westen.

nen der Alkohol und seine Wirkung bislang völlig unbekannt waren und sie keinerlei Erfahrung mit dem Rauschmittel hatten. Schnell zeigten sie Symptome der Abhängigkeit und waren bereit, mehr und mehr Pelze abzugeben, um den begehrten Alkohol zu erhalten. Die großen Pelzhandelsgesellschaften gerieten dabei ins Hintertreffen. Sie zogen aber schnell nach und verursachten durch die rücksichtslose Abgabe von Alkohol großes Elend unter den Ureinwohnern.

In der Hauptstadt Washington sah man diese Entwicklung mit großer Sorge. Durch den Missbrauch von Alkohol bestand die Möglichkeit von neuen Indianeraufständen und Stammesstreitigkeiten, wodurch die innere Stabilität der Vereinigten Staaten empfindlich gestört werden konnte. Doch im Kongress gab es zu viele unterschiedliche Vorstellungen, wie mit dem Problem umgegangen werden sollte, so dass es zu keiner schnellen und effektiven Lösung kam. Die Regierung war sich dennoch bewusst, dass sie sich um die Belange und das Wohl der Indianer kümmern musste. Grundsätzlich lagen die Schwierigkeiten bezüglich eines generellen Verbotes des Alkoholhandels darin, dass juristisch nicht in die Angelegenheiten auf einem »Indianergebiet« eingegriffen werden konnte. Daher verbot die Regierung 1815 per Gesetz lediglich, in den Indianergebieten Destillerien zu errichten. Das nächste Gesetz untersagte den Händlern 1822, Alkohol in die indianischen Gebiete zu transportieren. Doch diese halbherzigen Versuche verhinderten nicht, dass in den 1820er Jahren die Verbreitung von Alkohol unter den Indianern von Landspekulanten wie von Händlern immer weiter vorangetrieben wurde.

Als in den vierziger Jahren schließlich die Seide in Mode kam, markierte dies das Ende des Pelzhandels im großen Stil. Viele Unternehmen lösten sich auf oder wandten sich anderen Geschäftsfeldern zu; viele »mountain men« und Trapper wurden zu Kundschaftern und Führern von Siedlertrecks, Forschern oder der US-Army.

Der Santa Fé Trail

Eigentlich waren die ersten Europäer, die in den späteren Wilden Westen vordrangen, die Spanier, die ihre Besitztümer von Mexiko und Lateinamerika aus nach Norden ausbreiten wollten. Die Spanier suchten auf ihren mitunter brutalen Eroberungszügen nach Gold und Reichtümern und beabsichtigten zugleich, die Indianer zu christianisieren. Zur Zeit der größten Ausdehnung Neuspaniens im Jahr 1763 erstreckte es sich über weite Teile des nordamerikanischen Kontinents und schloss die späteren US-Bundesstaaten Kalifornien, Texas, Arizona, New Mexico, Nevada, Utah, Colorado und Florida ein. In dieser Zeit wurden viele Missionen und »presidios«, kleine Festungen, gegründet, die sich später zu großen US-amerikanischen Städten entwickeln sollten: San Francisco, Los Angeles, San Diego, Tucson, El Paso und Santa Fé.

Als Mexiko 1810 seine Unabhängigkeit von Spanien erklärte und diese 1821 nach einem langen und blutigen Krieg durchsetzen konnte, wurden die Gebiete des späteren Wilden Westens Mexiko zugeeignet. Zugleich warfen aber auch die expandierenden US-Amerikaner ein Auge auf sie.

Santa Fé in der Provinz Nuevo Mexico war weit abgelegen und die Karawanen aus Mexiko-Stadt, die über den Camino Real den Norden versorgen sollten, erreichten Santa Fé nur alle Jahre. Die Stadt war mit knapp 3000 Einwohnern verhältnismäßig klein, bildete aber den wirtschaftlichen Mittelpunkt für nahezu 40 000 Mexikaner aus dem Umland. Als 1821 nach der mexikanischen Unabhängigkeit die Sperrung der Grenzen aufgehoben wurde, wagten bald die ersten Kaufleute aus den amerikanischen Gebieten unter der Führung von William Becknall aus Franklin, Missouri einen ersten Handelszug, um ihre Waren in Santa Fé zu verkaufen. Der Weg über den steilen Raton-Pass, den er auf der Hinreise genommen hatte, erwies sich jedoch als zu beschwerlich, so dass William Becknall eine neue Route durch die Cimarron-

Weite Teile des Südwestens werden von roten Sandsteinformationen geprägt. Über Millionen von Jahren entstanden die teilweise bizarren Felsen aus dem Zusammenwirken von Wind und Erosion aus großen Wanderdünen.

Wüste ausprobierte. Dieser Weg war zwar ebenfalls sehr beschwerlich, konnte sich aber schließlich als Handelsweg von Missouri, quer durch Kansas und den Nordwesten des späteren Staates Oklahoma nach Santa Fé etablieren.

Becknalls erste Reise verlief so erfolgreich, dass er im nächsten Jahr wieder aufbrach, und weitere Kaufleute ihm folgten. Er transportierte mit seinen Planwagen verschiedene Textilien, vor allem Baumwolle und Seide, Nadeln und Nähgarn sowie Haushaltsgegenstände wie Rasiermesser, Töpfe, Pfannen, Kaffeemühlen, Messer und Schreibpapier sowie mehrere Fässer Alkohol nach Santa Fé. Selbst die Planwagen verkaufte er zum Schluss mit hohem Profit. Becknall und die anderen amerikanischen Kaufleute erhielten für ihre Waren Gold und Silber sowie begehrte Biber- und Otterfelle aus den Ber-

aber bestand darin, von Indianern angegriffen zu werden, da der Trail mitten durch das Gebiet der Komantschen und Pawnee führte, die zwar an den Waren interessiert waren, aber andererseits den Zug durch ihr Territorium nicht dulden wollten. Um sich besser verteidigen zu können, schlossen sich ab 1824 die meisten Händler zu großen Trecks zusammen. Doch bald eskalierte die Gewalt. Und die zaghaften Versuche der US-Regierung, die Lage in den Griff zu bekommen, scheiterten. 1825 beschloss der US-Kongress den Straßenausbau des Trails zu fördern. Zudem boten sie den Indianern für die freie Passage der Handelszüge Friedensverträge und Gelder an, konnten das Problem damit aber nicht endgültig lösen.

Ein Zwischenfall im Jahr 1828 brachte die ersten Todesopfer: Zwei Kundschafter der Händler wur-

Der Santa Fé Trail zog sich durch die wüstenartige Landschaft des Südwestens. Amerikanische Händler nahmen einmal pro Jahr die mühsame Reise auf sich und erzielten mit ihren Verkäufen große Erlöse.

gen Mexikos. In Santa Fé verursachten die Gewinne der Amerikaner eine große Geldknappheit, so dass bald die mexikanische Regierung gezwungen war, die Zölle zu erhöhen.

Die Reise auf dem Santa Fé Trail dauerte dreieinhalb Monate in eine Richtung und führte durch menschenleere Wildnis. Dabei war nur eine Fahrt pro Jahr möglich, da man im Frühjahr nicht aufbrechen konnte, bevor in den Steppen das Gras spross, von dem sich die Zugtiere auf der Reise ernähren konnten. Ebenso mussten die Kaufleute einen frühen Wintereinbruch fürchten. Die größte Gefahr

den ermordet aufgefunden. Schnell eskalierte die Situation und die Kaufleute griffen die ersten Indianer an, die sie trafen. Während des Schusswechsels töteten sie fünf Pawnees. Als deren Stamm davon erfuhr, erklärten sie allen Weißen den Krieg und griffen unverzüglich den Händlerzug an. Mit ihren überlegenen Waffen konnten sich die Kaufleute wehren und erlitten keine weiteren Todesopfer. Allerdings verloren sie einen Großteil ihrer Lasttiere. Die Schwelle zum Krieg war nun überschritten, und in der Folge kam es zu mehreren bewaffneten Kämpfen zwischen den Händlern auf der einen und

Komantschen und Pawnees auf der anderen Seite, während denen auch der erfahrene Trapper Jedediah Smith erschlagen wurde. Die Lage beruhigte sich erst, als Präsident Andrew Jackson die Kavallerie einsetzte und zum Schutz der Händler Soldaten im Krisengebiet stationierte. Aus Sicht der Kaufmänner konnte damit zwar die Gefahr durch die Indianer gemindert werden, eine wirkliche Lösung des Konfliktes stellte auch diese Maßnahme nicht dar.

Seine große Bedeutung gewann der Santa Fé Trail allerdings nicht aufgrund der finanziellen Gewinne der Kaufleute, sondern wegen seiner politischen Vorreiterschaft. Für zwei Jahrzehnte war er die wichtigste Verbindung zwischen den nördlichen Gebieten Mexikos und den Vereinigten Staaten. Der Santa Fé Trail führte zum kulturellen Austausch zwischen den Mexikanern und US-Amerikanern und wies gewissermaßen den Amerikanern den Weg in Richtung Südwesten. Dem Trail sollten amerikanische Siedler folgen, bis es schließlich in den 1840er Jahren zum mexikanisch-amerikanischen Krieg kam.

Der ehemalige Kriegsheld und siebte Präsident der Vereinigten Staaten, Andrew Jackson, nimmt die Kapitulation der Creek nach der Schlacht von Horseshoe Bend, Alabama durch ihren Häuptling William Weatherford an. Aufgrund der Unmenschlichkeit des in den 1830er Jahren durchgeführten Indian Removal Acts erhielt Jackson den Beinamen »The Devil« – der Teufel.

Pfad der Tränen

Hand in Hand mit der Verlagerung der Siedlungsgrenze gen Westen verschob sich auch die sogenannte Permanent Indian Frontier. Die Indianer wurden immer weiter zurückgedrängt. In den 1830er Jahren sah die amerikanische Politik vor, die Great Plains, die für die Besiedelung ungeeignet erschienen, den Indianern und Büffeln zu überlassen. Dafür sollten aber alle Indianerstämme, die östlich des Mississippi lebten, weichen und ebenfalls dorthin umgesiedelt werden. Diskutiert wurde das in der Politik schon seit einiger Zeit, doch erst der von vielen Ureinwohnern als »The Devil« bezeichnete siebte Präsident Andrew Jackson (Präsident von 1829 bis 1837) setzte die Massendeportationen in die Tat um. In der allgemeinen Geschichtsschreibung fand Jackson seinen Platz als Erneuerer der Demokratischen Partei, als Verteidiger von New Orleans im Krieg von 1812 sowie als Leitfigur einer neuen, überregionalen demokratischen Bewegung, die in den 1820er Jahren den amerikanischen Mittelstand erreichte. Er war kein intellektueller Staatstheoretiker, sondern ein Mann des Volkes, zudem aus dem Westen, und letztlich ein charismatischer Kriegsheld. Mit der Zwangsdeportation der Indianer tat er jedoch alles, was seinen Beinamen rechtfertigte. Vor seiner Präsidentschaft hatte er

als General der US-Army bereits Erfahrungen mit Indianern gemacht und respektierte ihre Kultur und Lebensweise nicht im Geringsten. In seiner Vorstellung sollten sie den Weißen weichen, damit diese ihre Bestimmung erfüllen und den Westen besiedeln konnten.

Kaum im Amt als amerikanischer Präsident ließ Jackson verlauten, dass alle Indianer, die in den Bundesstaaten östlich des Mississippi lebten, in den Westen umgesiedelt werden. Diese Deportation sollte vor allem die Five Civilized Nations, die »fünf zivilisierten Stämme«, Cherokee, Chickasaw, Choctaw, Seminolen und Creek, betreffen. Bei ihnen handelte es sich um bereits stark angepasste Stämme. Sie hatten ein Regierungssystem mit Häuptling und Repräsentantenhaus nach US-amerikanischem Vorbild entwickelt, betrieben Landwirtschaft und Handel. Jacksons Vorhaben spaltete die Bevölkerung. Viele unterstützten sein Vorhaben, viele sahen aber auch die Unmenschlichkeit hinter der Zwangsumsiedlung. Dies spiegelte sich auch im Kongress wider. Nur unter großem Protest und mit nur einer Stimme Mehrheit konnte der Präsident schließlich die Deportationen durchsetzen, so dass im Mai 1830 der Indian Removal Act verabschiedet werden konnte.

Das Gesetz gab dem Präsidenten der Vereinigten Staaten die Vollmacht, Verhandlungen mit den innerhalb der Bundesstaaten lebenden Stämmen aufzunehmen. Sie sollten ihr Land gegen solches jenseits des Mississippi tauschen. Das neue Land, ein kleiner Teil des Louisiana Purchase, gehörte ebenfalls zu den USA, war aber noch nicht als Bundesstaat organisiert. Es sollte zu einem riesigen Indianerreservat werden und wurde bald darauf Indian Territory genannt. Die Verhandlungen mit den einzelnen Stämmen, die der Indian Removal Act vorsah, wurden in der Praxis übergangen. Natürlich weigerten sich die Indianer, ihr angestammtes Land zu verlassen. Jackson ließ die Stämme daher mit Gewalt umsiedeln, wobei es teilweise zu Massakern kam, bei denen viele Indianer ihr Leben ließen.

Im Jahr 1831 wurde der Stamm der Choctaw als erster und gegen den Willen der Indianer umgesiedelt. Dies war der Modellversuch für die übrigen vier Stämme. 1832 traf es die Seminolen, 1834 die Creek, 1837 die Chickasaw und schließlich 1838 die Cherokee. Die Deportation der Cherokee in das Indianer-Territorium wurde in ihrer Sprache als Nunna daul Isunyi, Trail of Tears (Pfad der Tränen), bekannt. Das Land, das die Cherokee ursprünglich

bewohnten, umfasst die heutigen Staaten North und South Carolina, Georgia, Tennessee und Alabama. Sie waren mit Abstand diejenigen Indianer, die die europäisch-amerikanische Lebensweise an der Ostküste am weitesten übernommen hatten. Im Jahr 1817 ersetzten sie ihr Klan-System durch einen gewählten Stammesrat, schufen zwei Jahre später eine eigene Verfassung, die an die amerikanische angelehnt war, etablierten ein Gerichtssystem und bauten Schulen. Im Gegensatz zu den meisten anderen Indianern entwickelten sie sogar eine eigene Schrift.

Im Mai 1838, als die Frist für die freiwillige Umsiedlung abgelaufen war, ließ Präsident Jackson das Land der Cherokee mit rund 7000 Soldaten besetzen. Sie trieben die rund 13 000 Stammesangehörigen zusammen und brachten sie zunächst in einem Überwachungslager unter. Viele starben bereits in diesem Lager an Erkrankungen, Hunger sowie an der Kälte. Unter der Bewachung von Bundestruppen mussten die Stammesangehörigen aus ihrer Heimat in Georgia 2000 Kilometer nach Westen, bis in die Nähe von Tahlequah im heutigen Oklahoma, wandern. Insgesamt kamen 4000 Cherokee dabei ums Leben. Der Unmut der Indianerstämme äußerte sich in verzweifelten Kampfhand-

lungen und Streitigkeiten. Einzelne wanderten wieder in ihre alten Gebiete zurück, nur um abermals gezwungen zu werden, diese zu verlassen. Mit der Deportation entstanden neue Probleme unter den Indianern, da die Stämme der Great Plains jenseits des Mississippi ihr Land nicht mit den ihnen fremden Stämmen teilen wollten. In der Folge kam es zu kriegerischen Auseinandersetzungen zwischen den angestammten und den deportierten Stämmen. Darüber hinaus fanden die zwangsumgesiedelten Indianer in den ihnen zugewiesenen Gebieten weniger Weideland, zum großen Teil unfruchtbare Böden und ein anderes Klima als in ihrer Heimat vor. Zuvor waren sie sesshaft gewesen, hatten Handel und Landwirtschaft betrieben, und nun sollten sie sich dem Leben der nomadischen Plain-Indianer anpassen.

Die Reise von Prinz Maximilian zu Wied-Neuwied

In der Hochphase des Pelzhandels kamen zwar viele Trapper und auch die ersten Siedler in die westlichen Gebiete, dennoch blieb der Westen weitgehend unberührt und dem Osten weitgehend unbe-

Gewaltsam wurden die fünf zivilisierten Stämme, unter ihnen die Cherokee, gezwungen, ihr angestammtes Land zu verlassen und in das westlich des Mississippi liegende Indianer Territorium zu ziehen. Unter Gewalt und Tränen zogen sie ins Reservat; bereits während der Deportation starben viele Cherokee.

Der Schweizer Maler Karl Bodmer (ganz rechts) und der deutsche Prinz Maximilian (im grünen Mantel) treffen im Sommer 1833 auf eine Gruppe Hidatsa in der Nähe von Fort Clark am Missouri River.

Eines der berühmtesten Gemälde von Karl Bodmer zeigt den Hidatsa Pehriska-Ruhpa bei der zeremoniellen Ausübung des Hundetanzes.

kannt. Die wenigen Trapper und »mountain men« berichteten von den Naturwundern des Westens und von der Schönheit der Landschaft und machten sie so zu einem Thema der öffentlichen Diskussionen sowie zur geheimen Sehnsucht vieler Amerikaner. Nicht zuletzt verleiteten die Expeditionen von Lewis und Clark sowie die nachfolgenden Entdeckungsreisen weitere Abenteuerlustige dazu, in den Westen aufzubrechen. Einer der im Nachhinein einflussreichsten Entdecker war der deutsche Prinz Maximilian zu Wied-Neuwied, der in den Jahren 1832 bis 1834 gemeinsam mit dem Schweizer Maler Karl Bodmer den Westen erkundete.

Maximilian hatte im Jahr 1804 bereits sein Idol, den Gelehrten, Naturforscher und Weltreisenden Alexander von Humboldt, kennengelernt, und bereiste in den Jahren 1815 bis 1817 Brasilien. Nun war es seine Idee, in das von Indianern bewohnte Gebiet westlich des Mississippi vorzudringen und von Karl Bodmer Zeichnungen und Gemälde ihrer Kultur und Lebenswelt anfertigen zu lassen. Bodmer erhielt dafür von Maximilian die Kosten für die Überfahrt und Unterkünfte sowie 45 Taler pro Monat, zusätzlich durfte er zwölf Exemplare seiner Bilder behalten.

Am 7. Mai 1832 verließen beide gemeinsam das heimische Schloss in Neuwied am Rhein. Mit dem Schiff erreichten sie am 4. Juli 1832 Boston und reisten über New York und Philadelphia weiter zu den deutschen Siedlungen in Pennsylvania. In der Niederlassung New Harmony lernte Maximilian Thomas Say kennen, der in den Jahren 1819 und 1820 eine Expedition vom Mississippi zu den Rocky Mountains unternommen hatte. Von ihm erhielt er wichtige Informationen zu Flora und Fauna sowie zur Geografie des Westens. Bodmer reiste weiter nach New Orleans, um einige der gesammelten Gegenstände und Gemälde nach Deutschland zu verschiffen. Auf dieser Reise nach Süden portraitierte er nahe der Stadt Natchez, Mississippi einige Indianer der Choctaw, die aus ihren angestammten Gebieten im Osten vertrieben worden waren.

Im März 1833 erreichten Maximilian und Bodmer das Tor zum amerikanischen Westen: St. Louis, Missouri. Hier erhielten sie vom Bureau of Indian Affairs (BIA) die benötigten Passierscheine für das Indianergebiet und lernten bei dieser Gelegenheit William Clark kennen, der mittlerweile den Rang eines Generals innehatte und das BIA leitete. Zudem sahen sie dort die Indianerbilder des Malers George Catlin, der in dieser Zeit von St. Louis aus mehrere Expeditionen in die Wildnis unternahm, um seinerseits Portraits der Indianer und Gemälde der Landschaft anzufertigen. Im April machten sie sich auf und planten, der Route der Lewis-und-Clark-Expedition zu folgen. Hierzu fuhren sie mit dem Dampfschiff Yellow Stone, die zu Astors American Fur Company gehörte, den Missouri hinauf.

Ähnlich wie zuvor Lewis und Clark teilten sich auch Maximilian und Karl Bodmer die Aufgaben. Während der Schweizer Maler Landschaften, Tiere und Indianer skizzierte und farbige Porträts von den Angehörigen verschiedener Indianerstämme anfertigte, sammelte Maximilian Pflanzen sowie indianische Gegenstände und führte ein ausführliches Tagebuch. Dabei konzentrierte er sich vor allem

auf Sprache, Sitten und Gebräuche der Stämme, denen sie begegneten. Auf ihrer Reise trafen sie Angehörige der Omaha und Ponca, bis sie schließlich Fort Pierre erreichten, in dessen Nähe die Dakota eine Tipi-Siedlung bewohnten. Nach einem kurzen Aufenthalt ging es weiter über Fort Clark und Fort Union bis Fort McKenzie, dem westlichsten Punkt ihrer Expedition, wo sie im August 1833 ankamen. Auf diesem Abschnitt der Reise lernten sie Vertreter der Mandan, der Hidatsa, Absarokee, Cree, Ojibwa und Assiniboin kennen. Maximilian beabsichtigte ursprünglich, noch weiter in Richtung Westen vorzudringen, die seit Jahren anhaltenden Spannungen zwischen den Amerikanern und den Blackfoot machten dies jedoch unmöglich. Daher blieben Bodmer und er bis Mitte September in Fort McKenzie und setzten dort ihre Arbeiten fort.

Auf ihrer Rückreise verloren sie durch ein Unwetter Teile ihrer botanischen Sammlung sowie mehrere indianische Kostüme und erreichten im Frühjahr 1834 wieder St. Louis. Von dort verschifften sie den größten Teil der mitgeführten Sammlung sowie Bodmers Skizzen und Zeichnungen nach Europa. Nach einer Reise entlang des Ohio River und des Eriesees zu den Niagara-Fällen und schließlich zur Atlantikküste verließen sie den amerikanischen Kontinent und erreichten am 8. August 1834 Le Havre. In Neuwied angekommen, machte sich Maximilian daran, das zweibändige Werk »Reise in das innere Nordamerikas« zu verfassen, das in den Jahren 1839 bis 1841 erschien. Doch nicht nur die Bilder Karl Bodmers und der Reisebericht Maximilians gehören zum Vermächtnis der Reise. Maximilian entdeckte viele Pflanzen und Tierarten, die nach ihm benannt wurden, wie zum Beispiel die »Maximilian Sonnenblume« oder der »Maximilianpapagei«.

Karl Bodmer fiel der Abschied von Nordamerika besonders schwer. Vor allem während seiner Porträtarbeiten hatte er sich mit vielen Indianern angefreundet. Von Europa aus plante er daher seine Rückkehr nach Amerika, wo er schließlich für immer bleiben wollte. Zu seinem Entsetzen erhielt er 1837 in der Heimat schlechte Neuigkeiten: Er erfuhr vom traurigen Tod Mató-Tópes und 500 weiterer Mandan, mit denen Karl Bodmer auf der Reise Freundschaft geschlossen hatte, durch eine Pockenepidemie. Dies stürzte ihn in tiefe Trauer, und er beschloss, entmutigt von dem schrecklichen Ereignis, nie wieder nach Nordamerika zurückzukehren. Seine Bilder sind bis heute eine einzigartige Dokumentation des Lebens und der Kultur der nordamerikanischen Indianer vor ihrer Verdrängung.

Westwärts, ho!

Die Eroberung des Wilden Westens

Die Vereinigten Staaten von Amerika richteten ihren Blick immer weiter gen Westen, da die Einwanderung aus Europa, das Bevölkerungswachstum im Osten und die wirtschaftliche Krise die Hoffnung auf ein besseres Leben im Westen aufkommen ließen. In den 1830er und 1840er Jahren fand die amerikanische Westexpansion Eingang in die öffentlichen Debatten. Der Drang, nach Westen zu wandern und die Wildnis zu zivilisieren, verankerte sich tief im Bewusstsein der Bevölkerung, im Wesen der amerikanischen Nation.

Diese Haltung spiegelte die allgemein anerkannte, öffentliche Meinung. Doch erst der New Yorker Journalist John L. O'Sullivan gab dem Phänomen im Jahr 1845 in einem Artikel des Democratic Review einen Namen: Manifest Destiny. O'Sullivan schrieb, dass es »die offenkundige Bestimmung der Nation sei, sich auszubreiten und den gesamten Kontinent in Besitz nehmen.« Schnell nutzte auch die Politik den Begriff und schürte in der Bevölkerung ein religiös motiviertes Missionsbewusstsein. Die USA hätten den göttlichen Auftrag, sich über den nordamerikanischen Kontinent auszubreiten, ihn zu zivilisieren und den Native Americans die Ideale von Aufklärung, Demokratie und Fortschritt zu vermitteln. Die Formulierung dieser Mission gab der Westexpansion der Amerikaner einen tieferen Sinn und verankerte sich fest im kollektiven Bewusstsein der Nation. Das Manifest Destiny bildete die Klammer für Expeditionen, Siedlungsversuche, Landnahme und Eroberungen. Durch Presse und Politik gefördert, hielt der von O'Sullivan geprägte Begriff Einzug in den allgemeinen Sprachgebrauch.

Was O'Sullivan beobachtete und letztendlich beschrieb, nutzten andere, allen voran der amerikanische Präsident James Knox Polk (Präsident von 1841 bis 1845), zur Rechtfertigung ihrer aggressiven Politik gegenüber den Mexikanern und den verschiedenen Indianerstämmen. Waren Trapper, Pelzhändler, Entdecker und Händler bislang nur vereinzelte Vorboten der Westexpansion, so setzte in den 1830er und 1840er Jahren eine Lawine ein, die den unberührten Westen geradezu überrollte. Die Vorstellung, die Vereinigten Staaten hätten eine historische Mission zu erfüllen, um Demokratie und Freiheit in Nordamerika zu verbreiten, wurde nun zum politischen Programm. Damit einher ging die Annahme, dass der protestantische Glaube anderen Religionen überlegen sei. Viele Amerikaner waren somit der Ansicht, dass sie sowohl die amerikanischen Ureinwohner als auch die mehrheitlich katholischen Mexikaner missionieren und bekehren müssten. In einigen Fällen ging der Überlegenheitsgedanke so weit, dass aus Mission gewaltsame Eroberung wurde.

Hierin spiegelt sich auch die christlich-puritanische Vorstellung der Siedler Neuenglands von einem »auserwählten Volk«. Diese besondere Rolle der USA wurde bereits von den Gründungsvätern der amerikanischen Demokratie mit dem Geist der Aufklärung verbunden und zu einer besonderen Mission emporgehoben. Mit einer Mischung aus Freiheit, Patriotismus und Religiosität konnten sich die Amerikaner so selbst eine besondere Bedeutung zuschreiben, um ihr Vordringen gen Westen und das Verdrängen der nordamerikanischen Ureinwohner als eine von Gott gewollte Sendung zu rechtfertigen.

Symbolisch für den Fortschritt schwebt Columbia, die Nationalallegorie der USA, über den Kontinent. Sie hält die Bibel in der Hand, zieht die Telegrafenleitung über die Prärie und wird gefolgt von Siedlern, Postkutschen und der Eisenbahn.

Der Missouri Compromise

Immer weiter drangen die Siedler von den ehemaligen Kolonien am Atlantik in die Gebiete jenseits der Appalachen vor. Staatliche Regulierungen waren den Siedlern gleichgültig, es interessierte sie lediglich das freie Land im Westen. Schon bald hatten sich so viele Siedler in den neuen Gebieten niedergelassen, dass die einzelnen Territorien die Aufnahme als Staat in die amerikanische Union beantragen konnten. Voraussetzung war hierfür eine Einwohnerzahl von mindestens 60 000. 1792 wurde Kentucky als Bundesstaat aufgenommen, und 1796 kam Tennessee hinzu. Der Staat Tennessee reichte mit seiner Fläche im Westen bis an den Mississippi River, was in dieser Zeit noch als weit entfernter Westen galt. 1803 folgte Ohio, 1812 dann Louisiana, 1816 Indiana, 1817 Mississippi, 1818 Illinois und 1819 schließlich Alabama. Die Volkszählung des ersten US-Zensus von 1790 hatte weniger als 100 000 Einwohner westlich der Appalachen gezählt, im Jahr 1840 waren es bereits sieben Millionen, was etwa 40 Prozent der damaligen Gesamtbevölkerung entsprach.

Mit dieser Expansion in Richtung Westen wurde die Problematik der Sklaverei in den neuen Gebieten, auch in denen des Louisiana Purchase, akut. Seit dem 17. Jahrhundert war die Wirtschaft in den nordamerikanischen Kolonien an den Bedürfnissen des englischen Mutterlandes ausgerichtet. Die koloniale Wirtschaft war gegründet auf ein globales System der Zwangsarbeit, das alle europäischen Kolonialmächte betrieben. Nachdem zuerst in den karibischen Gebieten Zuckerrohr- und Baumwollplantagen angelegt worden waren, für die Arbeitssklaven aus Afrika importiert wurden, dehnte sich diese Wirtschaftsform auf die südlichen Gebiete Nordamerikas aus, wo sich das Klima und die Böden für den arbeitsintensiven Anbau von Baumwolle eigneten. Zusammen mit der aristokratischen Lebensweise der Pflanzer und Plantagenbesitzer bildete das System der Sklaverei die besondere Gesellschaftsform des amerikanischen Südens. In den weiter nördlich gelegenen Gebieten spielten schon früh Handwerk und Handel eine größere Rolle. Diese Wirtschaftszweige erforderten qualifiziertes Personal und erlebten zudem eine frühere Industrialisierung als der Süden. Seit der Unabhängigkeit der Vereinigten Staaten waren die Menschenrechte in der Virginia Bill of Rights verankert, was zu einem grundlegenden Konflikt führen musste, der auch in der Verfassung nicht gelöst werden konnte und die Politik über weite Teile des 19. Jahrhunderts bestimmte. Die Südstaaten, für die die Abschaffung der Sklaverei das Ende ihrer Lebens- und Wirtschaftsweise bedeutete, verteidigten sie mit allen Mitteln.

Bis zum Jahr 1820 hatten sich Sklavereigegner wie Sklavereibefürworter selbst nach heftigen Debatten stets einigen und einen Kompromiss finden können. Die Institution der Sklaverei wurde weder durch die Revolution noch in der Verfassung oder durch die Aufnahme neuer Staaten in die amerikanische Union abgeschafft. So waren bis 1819 mit Louisiana, Mississippi und Alabama drei Sklavenstaaten, also Staaten in denen die Sklaverei erlaubt war, und mit Ohio, Illinois und Indiana drei sklavenfreie Staaten der Union beigetreten. Im Jahr 1820 kam nun ein neues Problem auf die amerikanische Politik zu: Das Missouri-Territorium hatte die erforderliche Einwohnerzahl von 60 000 erreicht und beantragte die Aufnahme als Staat in die Union.

Sofort entflammte im Kongress eine Debatte darüber, ob Missouri ein Sklavenstaat werden dürfe oder nicht. Die Bevölkerung des Staates selbst war über diese Frage ebenso uneins wie der Rest der Amerikaner. Da im Repräsentantenhaus die sklavenfreien Staaten die Mehrheit hatten, machten sie Missouri eine schrittweise Emanzipation der Sklaven zur Auflage. Nur so könne Missouri als Staat organisiert werden. Im Senat hingegen hielten sich die Befürworter und Gegner der Sklaverei genau die Waage, so dass kein Ergebnis zustande kommen konnte. In Hinblick auf die weitere Entwicklung des Westens gelang es dem einflussreichen Politiker Henry Clay, eine Lösung für die festgefahrene Situation zu finden. Er schuf den Missouri Compromise, der besagte, dass in Missouri die Sklaverei er-

Ausdehnung der Vereinigten Staaten Mitte des 19. Jahrhunderts: Siedlungsströme

nfang des 19. Jahrhunderts waren Flüsse die wichtigsten Verkehrswege. Mit Robert Fultons Raddampfer »North River Steam« begann im August 1807 das Zeitalter der Dampfschiffe in Nordamerika. Es legte in nur 32 Stunden die 240 Kilometer von New York nach Albany zurück, wofür ein Segelschiff vier Tage gebraucht hätte. Mit dem Eriekanal, der New York mit Chicago verband, wurde 1825 auch der Schiffsverkehr in den Westen eröffnet. Nun konnten Güter, die zuvor um Florida nach New Orleans und dann mühevoll flussaufwärts auf dem Mississippi transportiert wurden, in viel kürzerer Zeit in den Mittleren Westen gelangen. Mit der weiteren Besiedlung kam dem Mississippi, dem Missouri und dem Ohio River immer mehr Bedeutung zu. Als am 27. Juli 1817 der erste Mississippi-Raddampfer, die »Pike«, den Verladehafen von St. Louis erreichte, begann die Zeit der großen **Schaufelraddampfer**. Mit ihren luxuriösen Kabinen und ihren Salons, in denen auch Glücksspiele stattfanden, waren sie die Königinnen unter den Schiffen.

laubt sein dürfe, wenn zugleich Maine, das bislang zu Massachusetts gehörte, als sklavenfreier Staat in die Union aufgenommen werde. Für die restlichen Gebiete des Louisiana Purchase im Westen wurde zudem die Regel getroffen, dass die Sklaverei nördlich der Linie 36° 30″ nördlicher Breite verboten wurde. Südlich dieser Linie sollte sie auch im Westen erlaubt bleiben. Infrage gestellt wurde dieser Kompromiss erst, als mit den ehemals mexikanischen Gebieten Ende der 1840er Jahre ausschließlich Gebiete zur USA kamen, die südlich der vorgegebenen Linie lagen.

Bis zur Aufnahme von Texas im Jahr 1845 blieb Missouri der westlichste Staat. Daher entwickelte er sich schnell zu einem Knotenpunkt in der Mitte des Kontinents. Die am Mississippi gelegene Stadt St. Louis wurde das Tor zum Wilden Westen. Bis dorthin reichte die Zivilisation, von St. Louis aus westwärts erstreckte sich das offene freie Land.

Wie Tejas zu Texas wurde

Fast 300 Jahre lang war der Großteil des Westens in der Hand der Spanier. Sie hatten eigens Rinder aus Spanien nach Amerika importiert und betrieben in den fruchtbaren Tälern Viehzucht. Daher beanspruchten um das Jahr 1820 zwei junge Republiken den Westen Nordamerikas für sich: Die Vereinigten Staaten von Amerika, die durch den Louisiana Purchase weite Teile des Westens in ihren Besitz bringen konnten, und die Republik Mexiko, die gerade von Spanien unabhängig geworden war und neben Kalifornien weite Teile des Südwestens besaß. Zudem kämpften viele indianische Stämme miteinander um die besten Jagdgründe. In dieser Zeit war es also noch völlig offen, wer einmal den Wilden Westen beherrschen würde.

In der Provinz Tejas, im Norden des spanischen Vizekönigreiches, hatte sich lediglich eine Handvoll Spanier um die katholischen Missionen angesiedelt. Nach der Unabhängigkeit von Spanien im Jahr 1821 erklärte die Regierung von Mexiko daher, dass nun auch amerikanische Siedler in ihren Ge-

Mit der Einführung der Schaufelraddampfer begann eine neue Zeit auf dem Mississippi. Der Fluss entwickelte sich zum verkehrstechnischen Rückgrat der Vereinigten Staaten und machte den Handel in weiten Teilen des Einflussgebietes des Mississippi und seiner Nebenflüsse möglich.

Die spanisch-mexikanischen Vaqueros (Viehhirten) waren die Vorläufter der amerikanischen Cowboys. Sie führten die Rinderzucht in Texas ein und professionalisierten sie. Später übernahmen die Amerikaner ihre Methoden und machten Texas zum Zentrum der amerikansichen Viehzucht.

bieten willkommen seien. Sie hatten die Hoffnung, dass die USA niemals Gebiete angreifen würden, in denen sich amerikanische Siedler niedergelassen hatten. So könnten die nördlichen Provinzen fest in mexikanischer Hand bleiben und wären dennoch vor den USA sicher.

Doch bereits mit dem Santa Fé Trail hatten die Amerikaner ihr Interesse an Mexiko bekundet. In den folgenden Jahrzehnten verstärkte sich dieses Interesse und führte zu einem kulturellen Austausch, der das Wesen des Westens nachhaltig formte. Parallel zu den Handelsverbindungen nach Santa Fé strömten die ersten Siedler in das mexikanische Gebiet – hauptsächlich nach Texas. Dieser Siedlerstrom löste eine Welle von Ereignissen aus, die die Verhältnisse im Westen grundlegend veränderten.

Alles begann mit Stephen Fuller Austin, der 1793 in Virginia geboren worden war und später in Missouri aufwuchs. Zu Beginn der 1820er Jahre hatte sein Vater die mexikanische Regierung gebeten, eine Siedlung in Texas gründen zu dürfen. Er starb

jedoch, bevor er die Besiedlung in die Wege leiten konnte. Zwar hatte der Sohn die Vision seines Vaters anfangs nicht geteilt, doch durch den überraschenden Tod übernahm Stephen F. Austin nun die Verantwortung für das Projekt und trat an die Stelle seines Vaters. Nach mehreren Verhandlungen erhielt er 1823 schließlich die Genehmigung der mexikanischen Regierung, sich mit 300 amerikanischen Familien am Brazos River im Osten von Texas niederzulassen. Hierfür akzeptierten alle Siedler die Bedingung, ihre amerikanische Staatsbürgerschaft abzulegen und die mexikanische anzunehmen. Die Amerikaner ließen ihre alte Heimat hinter sich und zogen mit allem, was sie mitnehmen konnten, in Richtung Texas.

Dem Beispiel der sogenannten Old 300 folgten weitere amerikanische Siedler, die ihre amerikanische Staatsbürgerschaft allerdings nicht mehr ablegten und nicht durch ein Abkommen mit der mexikanischen Regierung gebunden waren. Bis 1835 kamen auf diese Weise bereits über 40 000 Ameri-

Davy Crockett hieß eigentlich David de Crocketagne und wurde am 17. August 1786 in Tennessee geboren. Seine Vorfahren waren französische Hugenotten, die Frankreich wegen der anhaltenden Verfolgungen verlassen hatten. 1826 und 1828 wurde er als Abgeordneter des westlichen Tennessee in das US-Repräsentantenhaus gewählt und galt als populärer, charismatischer Mann aus dem Westen, der an der Siedlungsgrenze aufgewachsen war. An seinem eigenen Mythos als »frontiersman« arbeitete er auch selbst, als er 1834 seine Autobiografie »A Narrative of the Life of Davy Crockett« veröffentlichte. Als Soldat der US-Army hatte er an verschiedenen Kämpfen mit Indianern teilgenommen, widersetzte sich aber schließlich den Befehlen des Präsidenten Andrew Jackson und stellte sich gegen den Indian Removal Act. Crockett befürwortete eine friedliche Koexistenz zwischen Amerikanern und Indianern. Da das neue Gesetz bei der Bevölkerung allerdings sehr populär war, verlor Crockett seinen zweiten Wahlkampf im Jahr 1830 und wurde erst 1832 wiedergewählt. Als er die nächste Wahl 1834 abermals verlor, entschloss er sich, Tennessee zu verlassen. Er hatte sich entschieden, den Aufstand der Texaner gegen Mexiko zu unterstützen und ging nach Texas, wo er einen Eid auf die provisorische texanische Regierung ablegte. Nach der Legende starb Crockett im Kampf um Alamo umringt von hunderten mexikanischen Soldaten. Nach neueren Forschungen scheint es jedoch so, dass Crockett, Jim Boowie und die anderen Führer der texanischen Revolution festgenommen und am folgenden Tag auf Befehl General Santa Annas erschossen wurden. Die mutige, aber tragische Verteidigung von Alamo wurde zusammen mit Davy Crockett zur Legende, der sich auch Hollywood in mehr als 20 Verfilmungen gewidmet hat.

Etwa 200 texanische Verteidiger starben bei der Belagerung von Alamo. Der mexikanische General und Präsident Santa Anna belagerte die Garnision 13 Tage lang, bevor sie im Sturm genommen wurde. Für die Texaner kämpften auch der amerikanische »frontiersman« und Politiker Davy Crockett sowie der Abenteurer Jim Bowie.

kaner nach Texas. Das war von mexikanischer Seite allerdings so nicht geplant gewesen. Die amerikanische Politik versuchte, die Lage zu entschärfen. Die Präsidenten John Quincy Adams (Präsident von 1825 bis 1829) und Andrew Jackson (Präsident von 1829 bis 1837) bemühten sich – wie schon ihr Vorgänger Thomas Jefferson –, das Gebiet 1827 und 1829 käuflich zu erwerben. Die mexikanische Regierung lehnte einen Verkauf jedoch kategorisch ab.

Die Siedler erlitten damit einen herben Rückschlag. Als die mexikanische Regierung 1829 die Sklaverei in Texas verbot, fühlten sie sich in ihrer Existenz bedroht und in ihrer gewohnten Lebensweise eingeschränkt. Viele von ihnen waren aus den Südstaaten der USA gekommen, wo der Traum eines Einwanderers das Leben in einem Herrenhaus war, umgeben von Feldern, die von Sklaven bewirtschaftet wurden. Daher kam es in der Folge wiederholt zu Spannungen und Unruhen. Die innere Stabilität Mexikos geriet schließlich ins Wanken, als zwischen 1829 und 1832 mehrere mexikanische Präsidenten ermordet wurden. Hinter diesen Attentaten steckte der ehrgeizige General Antonio López de Santa Anna, der es 1832 schließlich schaffte, selbst Präsident von Mexiko zu werden. Die angespannte Situation zwischen den amerikanischen Siedlern und der mexikanischen Regierung verschärfte sich unter Santa Anna zusehends aufgrund der kulturellen und religiösen Differenzen. 1836 brachen die ersten offenen Kämpfe aus, als die ehemals amerikanischen Siedler, jetzt Texaner genannt, am 2. März 1836 Texas für von Mexiko unabhängig erklärten und eine eigene Verfassung entwarfen, die die Sklaverei in Texas explizit erlaubte. Aus der ehemals mexikanischen Provinz Tejas war Texas geworden. Im folgenden Krieg gelang es den Texanern, ihre Unabhängigkeit tatsächlich zu erlangen. Zudem verabschiedeten sie eine Verfassung nach US-amerikanischen Vorbild, die in einer heruntergekommen Farm in der Siedlung Washington on the Brazos von 59 Männern, unter denen auch drei Tejanos mexikanischer Abstammung waren, unterzeichnet wurde. Danach erklärten sie Texas zur Republik und hofften zugleich auf eine Aufnahme in die amerikanische Union. Die Republik Texas drückte ihre Unabhängigkeit von Mexiko und die Verbundenheit mit den USA besonders mit ihrer Nationalflagge aus, auf der ein einzelner Stern – in Anlehnung an den Star-Spangled-Banner der USA – abgebildet war. Dieser Flagge verdankt Texas auch seinen Spitznamen Lone Star Republic.

Der Krieg, der von General Sam Houston, dem späteren Präsidenten von Texas, gewonnen wurde, brachte nicht nur die Unabhängigkeit für die Republik Texas, sondern auch eine Legende des Wilden Westens hervor: Alamo. In den Folgejahren etablierte sich der Spruch »Remember the Alamo!« im populären Sprachgebrauch der Amerikaner. Erinnern wollten sich Texaner und Amerikaner gleichermaßen an den Freiheitskampf von nahezu 200 Texanern in der Garnison von Alamo nahe der Stadt San Antonio, die sich im Februar 1836 dreizehn Tage lang gegen die Übermacht von 3000 mexikanischen Soldaten verteidigen konnte, bis die Missionsstation gestürmt und die meisten Verteidiger, unter ihnen der Politiker und Westmann Davy Crockett sowie der Pionier Jim Boowie, getötet wurden. Das Opfer der 200 Texaner und Amerikaner verklärte sich schnell zu einem patriotischen Mythos, der bis heute mehrfach, unter anderem mit John Wayne als Davy Crockett, verfilmt wurde.

Der Krieg mit Mexiko

Der Namensgeber der größten texanischen Stadt, Sam Houston, wurde 1793 in Virginia geboren. Er war einer jener Siedler, die zwischen 1830 und 1835 nach Texas kamen. Houston hatte bis dahin ein aufregendes Leben geführt, war aber letztlich gescheitert. Zunächst war er militärisch schnell aufgestiegen wurde Indianerbeauftragter der Cherokee, saß für Texas im Repräsentantenhaus, bis er 1827 zum Gouverneur von Tennessee gewählt wurde. Sein Leben war nun bestimmt von mehreren Skandalen, und Gerüchte über Untreue und Alkoholismus machten die Runde. Der Druck auf ihn wurde schließlich so groß, dass er von seinen Ämtern zurücktrat.

In Texas versuchte Houston schließlich einen Neuanfang. Als die Unstimmigkeiten der amerikanischen Siedler mit der mexikanischen Regierung zunahmen, wurde auch er in den Strudel der texanischen Separatisten hineingezogen. Aufgrund seiner Erfahrung aus der US-Army übertrugen die Texaner Sam Houston die Organisation des Militärs. Am 2. März erklärten die Texaner im Vertrauen auf die Unterstützung der USA ihre Unabhängigkeit von Mexiko, und Houston erhielt den Oberbefehl über die texanischen Truppen. In dieser Funktion

Der Politiker und General Sam Houston gilt als Schlüsselfigur im texanischen Unabhängigkeitskampf. Er wurde Präsident von Texas, Senator und schließlich Gouverneur. Nach ihm wurde Houston, Texas, die viertgrößte amerikansiche Stadt benannt.

Fernab des Rechtssystems der Oststaaten nahmen einige Texaner es in die eigene Hand, Gesetz und Gerechtigkeit in Texas durchzusetzen.

Schon in den 1820er Jahren wurde in Texas von den amerikanischen Siedlern eine Truppe aufgestellt, die sie vor Angriffen der Indianer und der Mexikaner schützen sollte: die **Texas Ranger**. Zu Anfang waren sie lediglich eine gewöhnliche Miliz, erst mit der texanischen Unabhängigkeit Ende der 1830er Jahre wurden sie als offizielle Einheit der Polizeibehörde unterstellt. Obwohl die Ranger militärisch organisiert waren, besaßen sie keine Uniform und übten ihr Amt in Zivilkleidung aus. Bei dem Versuch, das »Indianerproblem« in Texas zu lösen, gingen sie mit äußert brutaler Gewalt vor und töteten jeden Indianer, ganz gleich, ob er einem kriegerischen Stamm angehörte oder nicht. Schließlich trieben sie 1859 den größten Teil der texanischen Indianerstämme über den Red River nach Norden. Auch bei ihrer zweiten Aufgabe, der Beseitigung des mexikanischen Banditenunwesens, gingen sie mit ähnlicher Härte vor. Ganze mexikanische Dörfer wurden belagert und die Bewohner getötet, um die Banden zu eliminieren und das gestohlene Vieh zurückzuführen. Die Ranger waren eine sehr umstrittene Einheit, und so gab es mehrere Versuche sie aufzulösen. Anfang des 20. Jahrhunderts wurden sie schließlich dem Amt für öffentliche Sicherheit unterstellt. Nach mehreren Korruptionsvorwürfen reorganisierten sich die Texas Ranger und sind heute ein Teil der texanischen Autobahnpolizei (Texas Highway Police). In amerikanischen Filmen spielen sie bis heute in allen ihren Ausprägungen eine Rolle.

errang Houston auf dem Schlachtfeld gegen den mexikanischen Präsidenten Santa Anna die Unabhängigkeit für Texas.

Nach dem Tod Stephen F. Austins am 27. Dezember 1836 war nun Houston aufgrund seiner militärischen Erfolge der einflussreichste Mann unter den Texanern. Er wurde im Oktober 1836 zum ersten Präsidenten von Texas gewählt und hatte dieses Amt bis 1838 sowie von 1841 bis 1844 inne. In dieser Zeit setzte er sich mehrfach vehement für einen Beitritt zu den USA ein. Er, wie die meisten Texaner, wurde allerdings schnell enttäuscht, als die Vereinigten Staaten Texas zu verstehen gaben, dass dies nicht so einfach geschehen konnte. Die Hoffnungen der Texaner beruhten auf der moralischen und militärischen Unterstützung durch die USA während des Unabhängigkeitskrieges. In den Jahren danach hatten die Texaner mehrfach deutlich erkennen lassen, dass sie bereit waren, in die amerikanische Union aufgenommen zu werden. Grundsätzlich bestand auch auf Seiten der USA dafür Interesse. Da es sich bei Texas aber um die Aufnahme eines sklavenhaltenden Staates handelte, ließ sich dies politisch nur schwer im Kongress vertreten. Die Gegner der Sklaverei vermuteten sogar eine Verschwörung der Südstaaten hinter der Aufnahme Texas' und stellten sich in den politischen Debatten quer. So blieb Texas nach seiner Unabhängigkeit zunächst für neun Jahre eine eigenständige Republik, bevor es am 29. Dezember 1845 schließlich offiziell als 28. Staat in die amerikanische Union eingegliedert wurde (Texas Annexation). Texas beschritt damit einen Sonderweg. Andere Staaten waren meist unorganisierte Territorien, bevor sie in die Gemeinschaft aufgenommen wurden. Die Ausnahmestellung von Texas, die der Staat noch heute innehat, liegt sicherlich darin begründet. Von 1846 an fungierte Sam Houston als US-Senator für Texas. Dieses Amt hatte er bis 1859 inne und leitete die Geschicke des Staates danach für zwei Jahre als Gouverneur.

Von 1845 bis 1849 war James Knox Polk Präsident der USA. Wiederholt hatte er sich dahingehend geäußert, das er nicht nur Texas in die amerikanische Union aufnehmen wollte, sondern auch Kalifornien und die restlichen Gebiete nördlich des Rio Grande. Es war vorauszusehen, dass die Aufnahme von Texas zum sofortigen Abbruch der diplomatischen Beziehungen mit Mexiko führen würde. Um die Texaner vom guten Willen der Amerikaner zu überzeugen, verlegte Präsident Polk einige Truppen nach Texas und provozierte damit zugleich einen Krieg mit Mexiko, den er am 13. Mai 1846 dem Nachbarn offiziell erklärte. Die Mexikaner hatten den überlegenen

Der am 14. März 1782 in North Carolina geborene **Thomas Hart Benton** spielte als Politiker in den 1840er Jahren eine bedeutende Rolle bei der Erschließung des amerikanischen Westen. 1815 war er nach St. Louis, Missouri gekommen und hatte sich dort als Anwalt niedergelassen. Nach der Aufnahme Missouris in die amerikanische Union durch den Missouri Compromise 1820 wurde er als Vertreter des Staates in den Senat gewählt, dem er bis 1851 angehörte. Dort widmete er sich hauptsächlich der Verbindung des Ostens mit dem Westen. So setzte er sich für den Ausbau des Santa Fé Trails ein und ließ Straßen nach Mexiko anlegen. Zudem unterstützte er vehement die Besiedlung Oregons. Er hob immer John Jacob Astor hervor, der mit Astoria eine amerikanische Niederlassung am Pazifik gegründet hatte. Obwohl Thomas Hart Benton als Senator Missouri, einen sklavenhaltenden Bundesstaat, vertrat, lehnte er die Sklaverei kategorisch ab. Diese politische Haltung kostete ihn letztlich den Sitz als Senator, und auch sein Versuch, Gouverneur von Missouri zu werden, scheiterte daran.

Amerikanern nicht viel entgegenzusetzen. Zwei Jahre später, im September 1847, war der Krieg mit der Eroberung von Mexiko-Stadt entschieden, am 2. Februar 1848 wurde schließlich mit dem Vertrag von Guadalupe Hidalgo Frieden geschlossen. Mexiko erhielt eine Abfindung von 15 Millionen Dollar, die USA die begehrten Gebiete. Nach diesem Krieg nahm der Westen allmählich die Gestalt an, die er noch heute hat. Neben Texas gehörten nun auch Kalifornien, Utah, Nevada, New Mexico, Colorado, Wyoming und Arizona zu den USA.

Der Anschluss der neuen Gebiete hob den Stellenwert der Viehzucht in den Vereinigten Staaten. Die mexikanischen Cowboys, die Vaqueros, verließen die verlorenen Gebiete und hinterließen neben der Kultur der Viehzucht auch unzählige Rinder-

COL. JOHN C. FREMONT.
Hoisting the American Flag on the highest Peak of the Rocky Mountains

John Charles Frémont spielte eine gewichtige Rolle in der Eroberung des Westens. Durch die Schilderungen seiner Entdeckungen und Expeditionen konnte er die Politik für die weitere Westexpansion begeistern.

herden, die sich während des Krieges über die Ebenen verstreut hatten. Die Texaner übernahmen nun die Herden der Vaqueros, führten die Tradition der Rinderzucht weiter und gründeten riesige Rinderfarmen, die Ranches.

John Charles Frémont und Kalifornien

John Charles Frémont wurde 1813 als unehelicher Sohn einer Frau der Südstaatengesellschaft in Georgia geboren. In vielerlei Hinsicht unterschied er sich von den meisten Männern, die sich in der ersten Hälfte des 19. Jahrhunderts auf den Weg in den Westen machten. Frémont war gutaussehend, hatte studiert und war getrieben von dem Gedanken an seinen gesellschaftlichen Aufstieg. Daher entschloss er sich, Soldat zu werden. Seine militärische Laufbahn begann 1838, als er als Vermessungsingenieur in die US-Army aufgenommen wurde und dort schnell aufgrund seiner Geschicklichkeit und seines Fleißes Karriere machte. Zur gleichen Zeit lernte er auch die junge Jessie Benton kennen, die Tochter des Senators von Missouri Thomas Hart Benton. 1841 heirateten die beiden trotz des Einspruchs des Vaters, der aber bald die Talente seines Schwiegersohns erkannte und ihn förderte.

Der US-Senator gab seinem Schwiegersohn den Auftrag zu einer Expedition in den Westen. Er sollte den Reiseweg für die Planwagen nach Oregon durch die Rocky Mountains, genauer gesagt durch Colorado bis hin zum Südpass, kartografieren. Frémont nahm sich den etwa 30jährigen Kit Carson zu Seite, der ihm während der Expedition als Kundschafter diente. Die Expedition verlief ohne Zwischenfälle und auch der Aufstieg ins Gebirge gelang reibungslos. Zurück aus den Rockies nutzte Frémont seine Reise zur Selbstdarstellung im amerikanischen Kongress. Zusammen mit seiner Frau verfasste er einen denkwürdigen Reisebericht, der bis dahin seinesgleichen suchte. Vor den versammelten Abgeordneten stellte Frémont seine Expedition als eine spannende Reise zu unbekannten Schönheiten der Natur dar. Er führte den Politikern vor Augen, wie wunderbar die Expansion gen Westen sein könnte. Frémont wurde durch diesen Bericht zum Symbol, indem sein Bild von nun an die amerikanische Westexpansion verkörperte. Doch auch der Kongress war sehr beeindruckt, und der Gedanke, immer weiter in den Westen vorzudringen, sollte die Politik der nächsten Jahre beherrschen.

Bald wurde Frémont mit einer zweiten Expedition beauftragt. Er sollte seine Arbeit am Oregon Trail

Die Bear-Flag ist noch heute die Flagge Kaliforniens. Der Stern ist in Anlehnung an den texanischen Stern konzipiert, der Bär symbolisiert den heimischen Schwarzbären.

fortsetzen und nun auch den restlichen Teil des Pfades kartografieren. Doch von aus Oregon kehrte er nicht direkt zurück, sondern machte einen Umweg über das südlicher gelegene Kalifornien, das zu diesem Zeitpunkt noch immer zu Mexiko gehörte. Von dort reiste er auf einem alten Pfad des Trappers Jed Smith weiter. In Washington wiederholte er seine Propaganda und beschrieb auch diese Reise so spannend, ausführlich und mit dem nachdrücklichen Hinweis, die Vereinigten Staaten mögen sich doch verstärkt dem Westen zuwenden.

Noch ein drittes Mal brach er zusammen mit Kit Carson auf, es war im Sommer 1845. Sie führten eine 60 Mann starke Truppe am Arkansas River entlang, über die Rocky Mountains und das große Becken hinweg und durch die Sierra Nevada direkt in das von Frémont so enthusiastisch beschriebene Kalifornien. Dort brodelte es im Vorfeld des mexikanisch-amerikanischen Krieges in der Bevölkerung, die aus etwa 500 amerikanischen Siedlern und 10 000 Mexikanern bestand. Die Amerikaner waren zum Aufstand bereit, und die Mexikaner vermuteten ihrerseits jeden Augenblick den Ausbruch einer Rebellion. Frémonts Auftauchen mit 60 bewaffneten Männern galt den Mexikanern als ein klares Zeichen, dass es bald zu ernsthaften Auseinandersetzungen kommen würde. Sie forderten Frémont auf, Kalifornien wieder zu verlassen. Nachdem er sich zunächst weigerte, zog er sich dann doch mit seinen Männern nach Oregon zurück.

In der Zwischenzeit brach allerdings der mexikanisch-amerikanische Krieg aus und Frémont beschloss, sich den aufständischen amerikanischen Siedlern anzuschließen, die am 14. Juni 1846 die Bear-Flag Rebellion ausgerufen hatten und nun zur Tat schritten. Eine kleine Gruppe amerikanischer

Christopher »Kit« Carson war Trapper, Scout und Indianeragent. Berühmtheit erlangte er als Kundschafter der Expeditionen von John Charles Frémont in den 1840er Jahren.

Siedler nahm Sonoma, die Hauptniederlassung nördlich von San Francisco in Besitz. Unter der Führung von William B. Ide erklärten die Amerikaner Kalifornien zur unabhängigen California Republic und hissten eine weiße Flagge mit einem Bär und einem roten Stern – analog zur Flagge des Lone-Star State Texas – über der Stadt. Am 25. Juni schließlich kam Frémont in der Stadt an und sagte den Aufständischen seine Unterstützung zu.

Ende 1846 führte Frémont auf Befehl von Commodore Robert F. Stockton eine militärische Operation durch, um während des noch immer währenden mexikanisch-amerikanischen Krieges Santa Barbara zu erobern. Nachdem sie die ganze Nacht durch den Regen marschiert waren, gelang es ihnen am Weihnachtsmorgen, das Presidio von Santa Barbara, eine ursprünglich von den Spaniern eingerichtete und nun von den Mexikanern verwendete Festung, zu erobern. Danach führte Frémont seine Männer auf das kleine Dorf Los Angeles zu, was schließlich den Oberbefehlshaber und Gouverneur von Alta California (dem Teil Kaliforniens, der heute zu den USA gehört), Andres Pico, zur Aufgabe brachte. Am 13. Januar 1847 unterschrieb er den Vertrag von Cahuenga, der den Krieg in Kalifornien beendete. Ein Jahr später wurde im Vertrag von Guadalupe Hidalgo Alta California den USA zugesprochen und schließlich am 9. September 1850 als 31. Staat in die Union aufgenommen.

Aufgrund seines Erfolges in Kalifornien ernannte Stockton den ehrgeizigen Frémont drei Tage später zum Militärgouverneur von Kalifornien. Frémont schien sein Ziel, den sozialen Aufstieg, damit endgültig erreicht zu haben. Jedoch machte ihm der höher gestellte Brigadegeneral Stephen Watts Kearny einen Strich durch die Rechnung. Er behauptete, dass er auf direkten Befehl des Präsidenten und des Kriegsministers handelte, und bat Frémont, von seinem Amt sofort wieder zurückzutreten. Doch Frémont sah sich im Recht und blieb stur. Kearny sah keine andere Chance und ließ ihn verhaften. Also kehrte er als Gefangener nach Washington zurück, wo er der Meuterei angeklagt und unehrenhaft aus der Armee entlassen wurde. Frémont versuchte, seinen Ruf zu retten, und schrieb Präsident Polk, dass er freiwillig aus der Armee ausscheiden würde, um so der öffentlichen Beschädigung seines Ansehens zu entgehen. Als er auch nach einem Monat keine Antwort des Präsidenten hatte, akzeptierte er das Urteil und verließ den Osten.

Nun plante Frémont mit seinem Schwiegervater eine weitere Expedition, vor allem um seinen guten Ruf zu retten. Senator Benton hatte mittlerweile großes Interesse für den Bau einer transkontinentalen Eisenbahn entwickelt. In wenigen Jahren, so träumte Benton, sollte eine durchgehende Eisenbahnstrecke St. Louis, Missouri mit San Francisco, Kalifornien verbinden. Gerade sein Heimatstaat Missouri sollte davon profitieren. Im Oktober 1848 brach Frémont mit der Unterstützung privater Geldgeber und einer Gruppe von 35 Männern auf und folgte dem Missouri River nach Westen.

Doch bald gerieten sie in heftiges Schneetreiben. Ende November waren sie schließlich aufgrund der Wetterlage gezwungen, ihre eigentlich geplante Route entlang des 38. Breitengrades aufzugeben und nach Süden auszuweichen. Doch auch dies half nichts, es wurde kälter oder unwirtlicher. Einige seiner Kundschafter und Männer gaben auf und kehrten um, in der Hoffnung, so den Winter zu überleben. Besessen von dem Wunsch, seinen Ruf wieder herzustellen, drang der eitle Frémont immer weiter in das Gebirge vor, bis die Expedition schließlich im Fiasko endete und zehn der verbleibenden Männer starben. Er selbst erreichte schließlich im Frühjahr 1849 Taos in New Mexico, von wo er über eine bekannte Handelsroute nach Kalifornien gelangte und sich schließlich dort niederließ.

Als er dort ankam, tobte bereits der Goldrausch. Und auch auf Frémonts Land wurde Gold gefunden, was ihm schließlich ein stattliches Vermögen einbrachte und ihm eine politische Karriere ermöglichte. 1850/51 diente er als einer der ersten beiden Senatoren von Kalifornien und 1856 bewarb er sich als erster Republikaner für die Präsidentschaftskandidatur. Er verlor die Wahl allerdings gegen den späteren Präsidenten James Buchanan (Präsident von 1857 bis 1861). Durch seinen Ehrgeiz hat sich John Charles Frémont einen Platz in der Geschichte des amerikanischen Westens erarbeitet und eine Schlüsselrolle dabei gespielt, im Osten die Faszination für den Westen zu wecken.

Der Goldrausch

Am Morgen des 24. Januar 1848 spazierte ein Mann namens James W. Marshall am Ufer des American River in den kalifornischen Bergen entlang. Er wollte eigentlich nur bei einer Mühle nach dem Rechten sehen. Doch dort angekommen lenkte ihn ein leichtes Glitzern im Wasser ab. Er schaute genauer nach und fand etwas, womit er im Leben nicht gerechnet hatte: Gold.

Die Mühle, an der Marshall das Gold fand, gehörte dem 1803 in der Schweiz geborenen Johann

Der Goldrausch von Kalifornien 1848–1854: Goldsucher, die sogenannten »49ers«, versuchen mit speziellen Pfannen Gold aus dem Wasser des American River oder Sacramento River zu waschen.

FOR CALIFORNIA!
DIRECT

EXTRAORDINARY INDUCEMENTS!!

THIRTY-FIVE DAYS TO THE GOLD REGIONS!

The "California Steam Navigation Co."
Will dispatch their first vessel from New-York, the NEW and SPLENDID

STEAM SHIP!
NICARAGUA

DAVID JERROLD, Master, positively

On FRIDAY, MARCH 23d, 1849,
Via. the River St. Juan and Lake Nicargua, across the Isthmus of Leon.

Capt. BRONSON, of the U. S. Topographical Engineers,

Racing at the special request of this company, thoroughly surveyed this new route, reports that by following the water courses and gullies worn by the rains, which are always full of water during the Rainy Season, March, April, May, and June, a Steamer of not over 4 feet draft, could be towed over the Isthmus without any difficulty, and according to his instructions from the company he engaged before starting the Isthmus

200 JACK ASSES!

Which he considers amply more sufficient to tow the Steamer. Drawing 4 feet he will tow it over to the Pacific. As a further inducement to those desirous of taking this route the company have placed themselves under heavy bonds and pledge themselves in the most solemn way that should there be any difficulty in doing so this Steamer will be placed in charge of experienced Stewards and a Cook, who have recently arrived from France who will henceforth in the employ of Louis Philippe, they bring skilled in work their passage. They have been ordered to purchase Stores for the Voyage of the most exquisite description, including every delicacy of the season such as Venison, Turkey, Game, &c. And the Captain is ordered to put in at the Bermuda Islands for supplies of green vegetables, peas, and Strawberries. The Wines will also be of the best, embracing their choicest such as Champagne, Hock, Burgundy, &c., also a full supply of Jersey Cider, all of which will be furnished without extra charge. The "California Steam Navigation Company" feel assured that they are a Boon to the Public

The Quickest, Safest and Cheapest!!

Chartering to San Francisco and the Gold Region, and they additionally expect for their fare a Direct class of Public Patronage. An experienced Physician, and Surgeon, has been engaged.

Price of Passage Through Ninety Dollars!
To be paid in SPECIE, Dimes and half Dimes, taken only,

The terms have been fixed at this low rate, is an experimental one of the Company, calculating that, the Passengers will be content at accepting at least three fourths of the voyage, during which time their mode of appetite will oblige them to live on ships biscuit, and when eaten, which will not but fully this company disbelieving in the advantage of the sickness of their passengers and push by their misery, as is common with other cabin companies.

For further particulars apply on board, at the foot of South Street, E. R. or to the undersigned Agents for the Company. Applications by mail, to meet attention, must be post paid, addressed to the Company's Agents.

HOBSON, BROTHERS & Co., 127 Wall Street, (opposite the Bulkhead.)

August Sutter. Nachdem er nach Nordamerika ausgewandert war, hatte er am Pazifik ein 20 000 Hektar großes Gelände erworben, auf dem er eine Ranch aufgebaut hatte. Nun fürchtete er sich vor Goldsuchern, die über seinen Besitz herfallen würden, und versuchte, den Fund zunächst geheim zu halten. Doch die Gerüchte über den Goldfund drangen bald bis in das 160 Kilometer entfernte San Francisco vor, das damals etwa 800 Einwohner hatte. Zunächst nahmen die Einwohner die Gerüchte nicht ernst, erst als in der Stadt ein Goldgräber auftauchte, der eine Flasche mit Goldnuggets bei sich trug, brach die Hysterie aus. Geschäfte und Schulen schlossen, jeder legte seine Arbeit nieder und machte sich auf in die kalifornischen Berge, um Gold zu suchen.

Im Sommer 1848 schien es so, als ob sich der Großteil der Einwohner an den American River aufgemacht hätte, um eigenhändig nach Gold zu graben. Von San Francisco aus erreichten bis 1849 die Neuigkeiten von den Goldfunden schließlich die Ostküste. Die schlagzeilenhungrige, nicht gerade seriös berichtende New Yorker Boulevardpresse heizte die Stimmung weiter an. Viele Amerikaner und neue Einwanderer lasen die Schlagzeilen und glaubten, das sei ihre Chance auf ein besseres Leben. Zu Tausenden zogen sie nach Kalifornien, um nach Gold zu suchen. Drei Routen boten sich den

An der Mühle des Schweizer Einwanderers Johann August Sutter fand der Zimmermann James W. Marshall im Januar 1848 das erste Goldnugget im Flussbett. Er löste damit eine Hysterie aus, während der nicht nur Kalifornien zu einem US-Bundesstaat wurde, sondern auch Sutter seine Privatkolonie Neuhelvetien verlor.

Mit großen Plakaten warben Schiffsagenturen für eine schnelle und kostengünstige Überfahrt zu den Goldminen in Kalifornien.

Forty-Niners, wie die Goldgräber genannt wurden: Sie fuhren mit dem Schiff um Kap Horn, überquerten den Isthmus von Panama oder schlossen sich den Wagentrecks an, die den Kontinent auf dem Landweg durchquerten.

Der Goldrausch kam der amerikanischen Politik mehr als gelegen. Präsident James Knox Polk, der in den letzten Jahren mit einer aggressiven Expansionspolitik das Staatsgebiet – wie bereits Thomas Jefferson mit dem Kauf von Louisiana – beinahe verdoppelt und dabei den südlichen Nachbarn Mexiko in die Schranken verwiesen hatte, sah sich nun in seiner Vorgehensweise bestätigt. Kalifornien brauchte eine größere Anzahl amerikanischer Siedler, und der Goldrausch war die beste Möglichkeit, schnell eine große Menge Menschen nach Kalifornien zu bekommen.

Mit diesem Fund änderte sich für das bislang fast menschenleere Kalifornien alles. Leute unterschiedlichster Herkunft und Profession siedelten sich in San Francisco, der ehemals spanischen Mission am Pazifik, an: Bauern aus China, mexikanische Farmer, Schneider aus Osteuropa, Beamte aus England, Aristokraten aus Südamerika. Tausende hoffnungsvolle Goldsucher machten sich auf den langen Weg nach Kalifornien, um dort reich zu werden und um dann als reiche Gentlemen zu ihren Familien zurückzukehren.

In der Zwischenzeit wurde in Kalifornien nach Gold gegraben und Gold gewaschen, wo immer es möglich war. Die große Anzahl an Fundstellen zog sich durch halb Kalifornien. In kurzer Zeit schossen Goldgräberlager aus dem Boden, die zunächst nur aus einfachen Bretterbuden bestanden. Aber schon nach kurzer Zeit verwandelten sich die Goldgräberstädte wie auch die kleinen, ehemals spanischen Siedlungen wie San Francisco in große amerikanische Städte. Der Ansturm an Siedlern machte sich überall bemerkbar. Mehr Einwohner bedeutete für alle Wirtschaftszweige einen Aufschwung. Vor allem die Händler, die die Forty-Niners mit Ausrüstungsgegenständen für die Goldsuche versorgten, verdienten mit überzogenen Preisen ein kleines Vermögen. Hinzu kamen Saloonbesitzer, Spielhöllenbetreiber und Prostituierte, die ebenfalls am Goldrausch verdienten. Darüber hinaus schossen bald die Preise für Lebensmittel in die Höhe, da jeder vom Goldrausch profitieren wollte.

Jedoch das schöne Kalifornien war auf den Ansturm einer solchen Menschenmasse nicht vorbereitet. In vielen Goldgräberstädten regierte das Chaos. Die hygienischen Zustände waren alarmierend und lösten Krankheiten aus, denen viele Goldgräber erlagen. Zudem trieben Revolverhelden in den Camps ihr Unwesen und riefen oftmals Konflikte hervor, die sich nur mit Waffengewalt lösen ließen. Schießereien waren an der Tagesordnung und ein trauriger Bestandteil des Alltags. Viele Glücksritter resignierten letztendlich, strandeten in San Francisco oder kehrten wieder in den Osten zurück. Ihre Hoffung auf schnellen Reichtum und ein besseres Leben konnten sie auch in Kalifornien nicht verwirklichen, denn nur wenige Goldgräber wurden fündig. Schließlich erlitten auch die kalifornischen Indianer durch die eingeschleppten Krankheiten große Verluste oder wurden gewaltsam aus ihrem Land vertrieben.

Für die Zukunft Kaliforniens war der Goldrausch jedoch von nicht zu unterschätzender Bedeutung. Der spätere US-Bundesstaat erhielt sich das positive Image eines El Dorado bis heute und trägt stolz den Beinamen »The Golden State«. Was der Goldrausch für die Bevölkerungsentwicklung Kaliforniens bedeutete, lässt sich auch an der Zuwanderung ablesen. Noch 1842 lebten hier nur etwa 4000 Mexikaner und etwa tausend Amerikaner, Engländer und Spanier. Im Januar 1848, als das erste Gold gefunden wurde, belief sich die Bevölkerung auf 14 000. Zwei Jahre später waren es bereits 92 000 und im Jahr 1852 255 000 Einwohner. Diese Zahl wird umso erstaunlicher, wenn man bedenkt, dass in dieser Zeit jährlich 20 000 bis 30 000 frustrierte Goldsucher das El Dorado wieder verließen.

Kaliforniens Goldrausch war sicherlich der bedeutendste der amerikanischen Geschichte. Doch auch in anderen Staaten wurde in den Folgejahren Gold gefunden, aber zu einer Massenhysterie wie in Kalifornien kam es nicht mehr. Viele Glücksritter zogen weiter nach British-Columbia, nach Idaho und schließlich nach Montana. Im Südwesten, vor allem in Arizona, Nevada und Colorado fand man ebenfalls Gold und Silber. Diese Funde brachten ein neues Phänomen in den Wilden Westen: Neben Pionieren, Trappern und Siedlern durchstreiften nun auch Goldsucher die Prärien und Gebirge. Wo immer sie fündig wurden, gründeten sie eine Stadt und verließen diese wieder, sobald die Minen ausgebeutet waren oder sie von anderen, ergiebigeren hörten. Der Ursprung vieler heutiger Städte geht auf die Goldsucher zurück. Aber genauso viele Stadtgründungen überlebten nur wenige Jahre und wurden zu verlassenen Geisterstädten, von denen auch heute noch einige im amerikanischen Westen zu besichtigen sind.

Auch James W. Marshall, jener glückliche Finder des ersten Goldnuggets, wurde kein reicher und glücklicher Mensch. Er starb 1885 völlig verarmt. Ebenso erging es Johann August Sutter, bei dessen Mühle Marshall das Gold gefunden hatte. Bevor Kalifornien an die USA fiel, hatte ihm eine kleine Privatkolonie im Sacramento-Tal gehört, die er Neuhelvetien nannte. Im Friedensvertrag von Guadalupe Hidalgo, der den Krieg zwischen Mexiko und den USA beendete, fiel ganz Kalifornien und somit auch Neuhelvetien an die Amerikaner. Im Goldrausch kümmerten sich die Glücksritter wenig um Sutters Besitztümer und missachteten seine Ansprüche auf die Ländereien. Sie steckten claims ab, die eigentlich zu Sutters Besitz gehörten. Er versuchte zwar, sich dagegen zu wehren, und zog vor Gericht. Doch der folgende Rechtsstreit ruinierte ihn völlig, er verlor alles und starb schließlich 1880 in Washington, D. C. vollkommen mittellos.

Unzählige Siedler strömten über die Prärien und durch das Felsengebirge in den Westen. Sie alle hatten von den fruchtbaren Tälern Oregons gehört und hofften im Westen auf ein besseres Leben. Diese Hoffnung ließ sie die Strapazen der Kontinentalüberquerung auf sich nehmen.

Die Überlandtrecks

Nachdem die Trapper und »mountain men« die Wege in den Westen geebnet hatten, begann sich in den 1830er Jahren in den Köpfen der Bevölkerung im Osten das Bild eines paradiesischen Landes von unglaublicher Schönheit und mit fruchtbaren Landschaften jenseits der Rocky Mountains herauszubilden: Oregon. Dieses Bild stimulierte viele Unzufriedene und weckte die Idee eines Neuanfangs jenseits des großen Gebirgszuges. Vor allem die Jahre 1840 bis 1859 waren die große Zeit der Wagentrecks. Amerikaner wie eingewanderte Europäer zogen mit allem, was die Planwagen transportieren konnten, nach Westen, um sich vor allem in Oregon, aber auch in Kalifornien oder Utah niederzulassen. 380000 Menschen legten den über 2000 Meilen langen Weg zurück, in der Hoffnung auf ein besseres Leben und auf der Suche nach persönlicher Freiheit.

Die eigentliche Besiedlung Oregons begann religiös motiviert im Jahr 1834. Die Methodisten schickten eine kleine Gruppe um Reverend Jason Lee, um Indianer zu christianisieren. Sobald er sich in Oregon niedergelassen hatte, vernachlässigte er seinen eigentlichen Auftrag und kümmerte sich um die vielen Trapper und ihre zum Teil indianischen

Chimney Rock, der Schornsteinfelsen, war für die Siedler, die entlang des North Platte River auf dem Oregon Trail nach Westen zogen, ein wichtiger Orientierungspunkt für die Durchquerung der Prärien. Rund eine halbe Million Menschen zogen in dieser Zeit an dem Fels vorbei.

Mit der Zeit wurde es zur Tradition, dass die Siedler der Wagentrecks ihren Namen und das dazugehörige Datum in das Gestein von Register Cliff ritzten. Noch heute sind Namen und Jahreszahlen deutlich zu erkennen.

Frauen. Auch die anderen Kongregationen planten nun, Missionare an die Pazifikküste zu schicken.

Der Wunsch nach Westen zu ziehen wurde jedoch nicht nur von den Religionsgemeinschaften geschürt, sondern auch von der amerikanischen Politik. Vor allem die weltweite Wirtschaftskrise von 1837 bis 1841, die in England ihren Anfang genommen hatte und nun wirtschaftliche und soziale Spannungen in die Städte des Ostens brachte, sowie die hohen Einwandererzahlen aus Europa zwangen die Politiker zu handeln. Sie versprachen sich durch die Abwanderung vieler Amerikaner nach Westen einen wirtschaftlichen Aufschwung. Wollten die Amerikaner am Pazifik Fuß fassen, so war es in dieser Zeit in Oregon am einfachsten. Die Siedler sollten den amerikanischen Anspruch auf Oregon unterstreichen, den bereits John Jacob Astor 1811 mit der Gründung von Astoria an der Pazifikküste deutlich gemacht hatte. Um sich vor Ort gegen die Briten durchzusetzen, die seit dem Krieg von 1812 in Oregon Handelsstützpunkte unterhielten, musste die Bevölkerungszahl der Amerikaner an der Pazifikküste steigen. Ab 1818 verwalteten die USA das Oregon-Gebiet schließlich gemeinsam mit den Briten. Letztendlich führte die Besiedlung Oregons dazu, dass die Briten 1846 bereit waren einzulenken und das riesige Oregon-Gebiet in einen amerikanischen Teil, der die heutigen Bundesstaaten Oregon, Washington und Idaho umfasst, und einen kanadisch-britischen Teil zu untergliedern.

Zu Beginn der 1840er Jahre gab es viele Skeptiker, die bezweifelten, dass ein Wagentreck die Rocky Mountains überqueren und den Pazifik erreichen könnte. Zwar kannte man durch Pelzjäger und Händler seit nunmehr drei Jahrzehnten gangbare Pfade nach Westen. Hierbei spielte vor allem der von den Astorianern entdeckte South Pass eine große Rolle. Für Siedlerfamilien mit ihren schweren Planwagen galt die Route durch das unwegsame Land jedoch als unüberwindbar und viel zu gefährlich.

Die romantische Vorstellung dieser Kontinentalüberquerung in Planwagen oder hoch zu Ross, die durch die Traumfabrik Hollywoods einem Millionenpublikum vertraut ist, entspricht jedoch nicht dem Alltag auf den Trecks: Die Wagen wurden nicht von Pferden gezogen, sondern größtenteils von Ochsen. Sie fuhren auch meist nicht hintereinander, sondern nebeneinander, da der aufgewirbelte Staub und der Sand der Prärien schon den zweiten Wagen in eine Staubwolke gehüllt hätte. Die Männer gingen den ganzen Tag neben den Wagen her, um diese durch das unwegsame Gelände zu führen und um zusätzliche Last zu vermeiden. Während-dessen saßen die Frauen auf dem Kutschbock und hielten die Zügel.

Der Weg nach Oregon war ein großes Wagnis und eine sehr beschwerliche Reise, die vier bis sechs Monate dauerte. 1842 setzte sich der erste größere Wagenzug in Richtung Oregon in Bewegung und leitete in den nächsten Jahren eine Massenwanderung über den Kontinent ein. Im Mai des Jahres 1842 verließen die Männer, Frauen und Kinder mit dem Ziel Oregon den Ausgangspunkt der Wagentrecks in Independence, Missouri. Sie überquerten die Prärien von Missouri, Kansas, Nebraska und die Berge von Wyoming, Idaho und Oregon. Geführt wurde diese Gruppe von Marcus Whitman, einem Missionar, der 1835 zusammen mit seinem Kollegen Henry Spalding und ihren beiden Frauen gen Westen aufgebrochen war, um die Indianer zu missionieren. Diesem Beispiel folgend stellte sich im nächsten Jahr, 1843, mit über 120 Planwagen der größte Treck, der den Kontinent jemals überqueren sollte, auf. Während der Reise traten erhebliche Schwierigkeiten in Sachen Disziplin und Versorgung auf, und so beschlossen die Treckführer, die einzelnen Züge auf bis zu 30 Gespanne zu begrenzen.

Generell wurden die Trecks von erfahrenen Pelzjägern und Trappern geleitet, die zuvor meist für den Pelzhandel gearbeitet hatten. In Independence, Missouri statteten sich die Siedler für ihre Reise aus. Viele von ihnen hatten zuvor Farmen im Osten besessen und verfügten so über genügend Geld. Die Siedler benötigten Planwagen, Tiere, Lebensmittel für die monatelange Fahrt, Ausrüstungsgegenstände, Waffen und Munition, Saatgut für den Start in ein neues Leben und genügend Verpflegung, um die Zeit bis zur ersten erfolgreichen Ernte im ersehnten Oregon zu überbrücken. Um spätestens im Sommer in den Bergen zu sein, verließen die Trecks im Frühjahr so bald als möglich Independence. In den Rocky Mountains angekommen, mussten sich die Siedler beeilen, da dort bereits im Frühherbst wieder Schnee lag. Kamen die Siedler zu spät, war es unmöglich, die kritischen Bergpässe mit den Wagen zu passieren. Bereits vorhandene Pelzhandelsstationen und Forts der US-Army gewährleisteten die Grundversorgung der vielen Trecks. Zwischen den Forts errichteten unabhängige Händler weitere kleine Versorgungsstationen, wo die Siedler Lebensmittel kaufen und ihre Zugtiere austauschen konnten. Auf dem Weg wurde es zur Tradition, dass die Siedler ihre Namen in zwei Felsen in Wyoming ritzten, in das sogenannte Register Cliff sowie in den Independece Rock. Noch heute sind diese Namen dort deutlich sichtbar.

Während dem mühevollen Weg in das verheißungsvolle Oregon mussten die Siedler zahlreiche Gefahren überstehen. Die meisten Todesfälle ereigneten sich aufgrund von Krankheiten, Wasserknappheit oder bei Unfällen mit den schweren Planwagen. Häufig bedeutete der Tod einiger Zugtiere auch das Ende des Trecks. Indianerüberfälle waren eher eine Seltenheit. Einige Trecks bekamen während der ganzen Überfahrt keine Ureinwohner zu Gesicht. Zunächst entpuppten sich viele Indianer zudem als freundliche und neugierige Besucher. Später versuchten sie, von den durchziehenden Siedlern zu profitieren, in dem sie Fähren und Flöße anlegten und die Siedler gegen eine Gebühr übersetzten. Erst durch die Ausbeutung der Holz- und Wasservorräte und die Verringerung der Tierbestände in ihrem Jagdgebiet, kam es schließlich zu größeren Konflikten. In den Oststaaten nutzten die Gegner der Oregon-Besiedlung diese Vorfälle, um gegen die Indianer zu hetzen und so Druck auf politische Entscheidungen auszuüben. In einigen Zeitungsberichten war entsprechend von Massakern an amerikanischen Siedlern die Rede, die in dieser Form aber nie stattgefunden hatten. Die Regierung reagierte schließlich und stationierte zum Schutz der Siedler bis zum Ausbruch des Bürgerkrieges 1861 etwa 7000 Soldaten in nahezu 80 Forts westlich des Mississippi River.

Eine Abzweigung des Oregon Trails war der California Trail. Bis Utah reisten die Siedler gemeinsam, dort gabelte sich der Weg, der einen Teil der Siedler nach Kalifornien führte. Zunächst war diese Route nicht sonderlich befahren, doch mit der Nachricht der ersten Goldfunde in Kalifornien entschlossen sich viele Siedler, zum Teil auch erst während der Reise, nicht nach Oregon zu ziehen, sondern schlugen den Weg in das südlicher gelegene Kalifornien ein.

Der Zug der Mormonen nach Utah

Doch nicht alle Siedler überquerten den nordamerikanischen Kontinent aus wirtschaftlichen Gründen. Es gab auch religiöse Flüchtlinge, die sich erhofften, im freien Westen ihre Religion ungehindert ausüben zu können. Besonders bekannt ist der Zug der Mormonen in die trostlose Salzwüste von Nevada in den Jahren 1846/47. Die Mormonen sind eine christliche Glaubensgemeinschaft, die 1830 von Joseph Smith als Church of Jesus Christ of Latter-Day Saints (Kirche Jesu Christi der Heiligen der Letzten Tage) in New York State gegründet

Brigham Young, der Nachfolger des Mormonengründers Joseph Smith, führte die Kirche Jesu Christi der Heiligen der Letzten Tage über den Kontinent bis hin zur großen Salzwüste in Utah.

worden war. Zuvor hatte Smith in den Jahren 1823 bis 1827 mehrere Erscheinungen des Propheten Moroni in Engelsgestalt, der ihn beauftragte, das verborgene Buch Mormon ins Englische zu übersetzen. Smiths neue Glaubensgemeinschaft fand in der Umgebung genauso rasch neue Anhänger wie erbitterte Gegner, die die Kirche boykottierten, öffentlich diffamierten und sogar mit Waffengewalt angriffen. Aus diesem Grunde waren sie gezwungen, ihre Häuser, Geschäfte und Farmen zu verlassen und wanderten westwärts. Doch auch in den Städten weiter westlich, wo sie sich jeweils neu anzusiedeln versuchten, wurden sie immer wieder vertrieben. Als die Mormonen in Nauvoo, Illinois ansässig waren, ereignete sich ein für Joseph Smith

In dieser trostlosen und kargen Region am Salzsee erschufen die Mormonen die blühende Stadt Salt Lake City.

verhängnisvoller Zwischenfall. Er hatte sich über eine Zeitungskritik so sehr empört, dass er die Druckerei zerstören ließ. Dafür wurde er im Juni 1844 inhaftiert und schließlich zusammen mit seinem Bruder von Milizsoldaten gelyncht.

Sein Nachfolger, der Mormonenälteste Brigham Young, beschloss 1845, die Heiligen der Letzten Tage an einen Ort zu führen, an dem sie schließlich in Frieden und ohne Anfeindungen leben konnten. Dieser Ort lag im fernen Westen und war ein ödes, wüstenartiges Tal am großen Salzsee in Nevada. In dieser unwirtlichen Gegend hatte sich noch niemand niedergelassen. Die Mormonen würden die ersten sein, somit wäre sichergestellt, dass sie nicht weiter vertrieben würden. Die öde Natur hatte zudem einen weiteren Vorteil: An ihr könnte seine Gemeinde wachsen, indem sie das Land urbar machen und besiedeln sollte. Im Februar 1846 brach Young mit einer Vorhut seiner Gemeinde in den fernen Westen auf. Sie wanderten den ganzen Sommer über westwärts und schlugen ihr Winterlager in der Nähe der heutigen Stadt Omaha in Nebraska auf. Unterwegs errichteten sie Wegstationen für die ihnen nachfolgenden Mormonen-Trecks, die dort Schutz und Verpflegung fanden. Im Frühjahr 1847 zog Young mit der Vorhut weiter. Sie durchquerten Nebraska entlang des North Platte River und passierten die Forts Laramie und Bridger. Am 24. Juli 1847 erreichten sie schließlich ihr gelobtes Land. Young, der schwer erkrankt war, blickte vom Fieber geschwächt nur kurz auf und sah das Tal des Großen Salzsees. Er hatte seine Anhänger ans Ziel gebracht.

Brigham Youngs Vision sollte Wirklichkeit werden. Sie führte die Mormonen in eine Region, in der sie ungestört ihren Glauben leben konnten. Dort angekommen, fingen sie sogleich an, das öde Land zu bebauen und Felder anzulegen. Trotz der Trockenheit und der schlechten Voraussetzungen schafften sie es durch unermüdliche Arbeit, Fleiß und Entbehrungen, die Wüstenlandschaft in fruchtbares Land zu verwandeln. Die Kirche Jesu Christi der Heiligen der Letzten Tage war im Wilden Westen angekommen.

Wieder genesen kehrte Young noch im Sommer 1847 in den Osten zurück, um die weitere Zuwanderung der Mormonen zu organisieren. Danach kam er wieder in sein Zion am Salzsee und begann mit der Planung der Mormonenstadt Deseret, dem späteren Salt Lake City. Die Stadt sollte einmal das Zentrum eines unabhängigen Mormonenstaates werden. In den nächsten Jahren bekam aber auch Salt Lake City die Auswirkungen des Goldrauschs zu spüren.

Tausende von Goldsuchern durchquerten den Kontinent und hielten in der Mormonenstadt an, um Handel zu treiben. Schließlich zerbrach der Traum von einem unabhängigen Staat der Mormonen, als die Region 1850 ein US-Territorium wurde. Später trat das Territorium als US-Bundesstaat Utah den Vereinigten Staaten bei.

Bleeding Kansas

Immer zahlreicher strömten die Amerikaner in den Westen und eilten ihrer Regierung und meist auch ihren Gesetzen weit voraus. Die Siedler gruben nach Gold, rodeten Wälder, machten das Land urbar und erbauten neue Städte. Sie wagten einen Neuanfang weit weg von zuhause. Doch diese Siedler brachten auch die Problematik der Sklaverei mit in den Westen. Wo viele Siedler aus den verschiedensten Gegenden der USA, ja der ganzen Welt in Freiheit ein neues Leben beginnen wollte, spaltete ab Mitte des 19. Jahrhunderts die Sklavereifrage ganze Gemeinden.

Sobald ein Territorium als Staat in die amerikanische Union aufgenommen werden sollte, entbrannte zudem im Kongress die Diskussion, ob in diesem Staat die Sklaverei erlaubt oder verboten sein sollte. Jedes Mal konnte nur mit großer Mühe ein Kompromiss zwischen beiden Seiten ausgehandelt werden. 1820 wurde Missouri als Sklavenstaat und zugleich Maine als sklavenfreier Staat organisiert. 1850 schaffte die Politik nach harten Verhandlungen einen Ausgleich zwischen beiden erregten Lagern, als es darum ging, wie mit den neuen, ehemals mexikanischen Gebieten verfahren werden sollte. Zudem hatte die Aufnahme Kaliforniens als sklavenfreier Bundesstaat die Balance zwischen den fünfzehn sklavenhaltenden und fünfzehn freien Staaten aufs Empfindlichste gefährdet. Nach langer Debatte wurde schließlich im Compromise of 1850 beschlossen, dass Kalifornien und Oregon sklavenfrei blieben und der Sklavenhandel in der Hauptstadt Washington D.C. verboten würde. Im Gegenzug wurde den neuen Staaten im Südwesten auf der Grundlage der »popular souvereignty«, einer Volksabstimmung, zugesichert, über die Einführung der Sklaverei selbst entscheiden zu können, sollte eine Aufnahme als Staat beantragt werden.

1854 brachte der Senator von Illinois, Stephen A. Douglas, der zuvor den Compromise of 1850 ausgehandelt hatte, das Thema Sklaverei in den westlichen Gebieten erneut in den Kongress ein. Er plante eine transkontinentale Eisenbahn und schlug

Mit der Zeit nahm auch der Westen politisch an Bedeutung zu. So kam es im Jahr 1858 im Rennen um den Senatssitz von Illinois zu den bekannt gewordenen **Lincoln-Douglas-Debatten**. Abraham Lincoln forderte als Mitglied der gerade gegründeten republikanischen Partei den Amtsinhaber, den demokratischen Senator Stephen A. Douglas, heraus. Douglas war ein Befürworter der Westexpansion wie auch der starken Rechte der Einzelstaaten. Mehrfach kandidierte er als Präsidentschaftskandidat, doch konnte er sich bei keiner Wahl durchsetzen. Als der Wahlkampf begann, hatten sich die beiden Kandidaten schnell über die Zeitungen miteinander angelegt. Sie beschlossen nun, nachdem sie in den Wahlbezirken von Springfield und Chicago bereits gesprochen hatten, in den restlichen sieben Wahlbezirken gemeinsam aufzutreten und zu debattieren. Im Kern ihrer Reden argumentierten sie für und gegen die Sklaverei und deren Ausbreitung in den Westen. Der Amtsinhaber Douglas konnte schließlich diese Wahl für sich entscheiden, als beide zwei Jahre später im Präsidentschaftswahlkampf aufeinander trafen gewann Lincoln. Die Streitgespräche wurden im ganzen Land von der Öffentlichkeit verfolgt und gelten als Ursprung der amerikanischen Präsidentschaftsdebatten. Nie zuvor wurde ein Wahlkampf so genau von Journalisten begleitet wie dieser. Durch die Berichterstattung wurde der eloquente Lincoln schnell zu einem landesweiten Star. Zu den Debatten in den Städten Ottawa, Freeport, Jonesboro, Charleston, Galesburg, Quincy und Alton kamen teilweise bis zu 15 000 Zuschauer auch aus den umliegenden Staaten und lösten eine Politikbegeisterung im mittleren Westen aus. Modern war auch das Verkehrsmittel, das beide benutzten. Sie reisten mit dem Zug zu den Veranstaltungsorten quer durch Illinois und hatten zugleich Berater und Journalisten mit im Schlepptau.

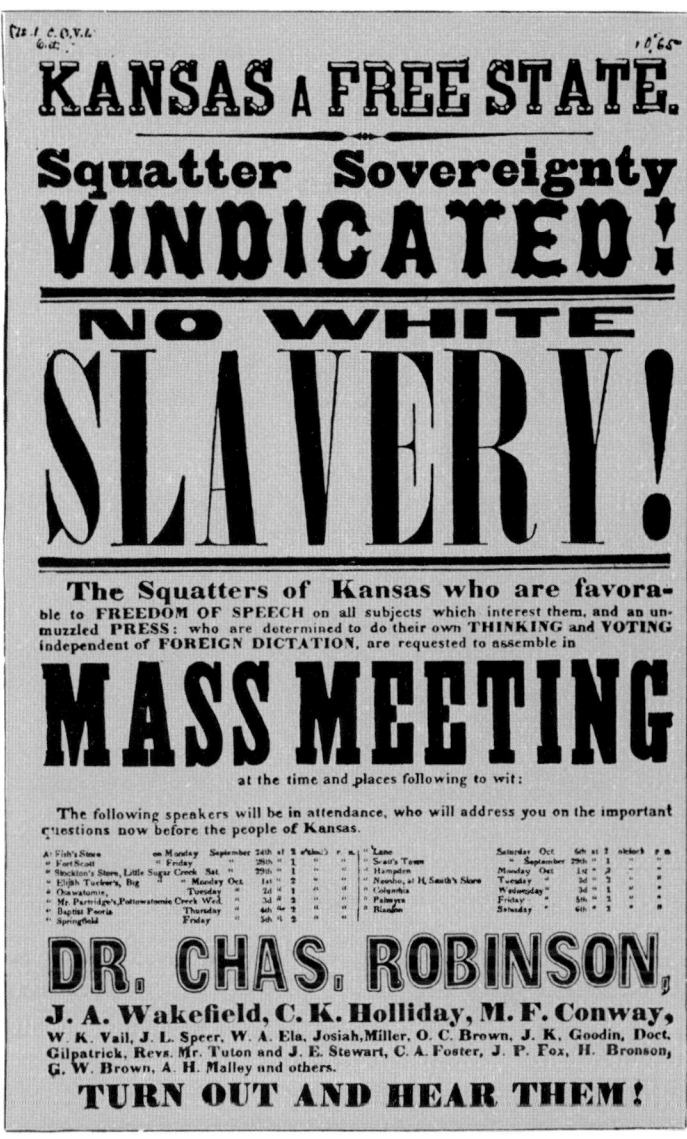

In Kansas brodelte es. Beide Seiten, die Gegner wie die Befürworter der Sklaverei, arbeiteten mit allen legalen und illegalen Mitteln, um die Mehrheit im Staat zu erreichen und somit die Sklaverei zu verhindern oder letztlich zu legalisieren.

daher vor, die unorganisierten Gebiete zwischen dem Mississippi und den Rocky Mountains zu den Staaten Kansas und Nebraska zu machen. Seinem Plan zufolge sollte hier ebenfalls die »popular sovereignty« angewendet werden. Mit diesem Vorschlag erhielt Douglas auch die Stimmen der Südstaaten, die ihrerseits die Hoffnung hegten, zumindest in Kansas die Sklaverei einführen zu können.

Beide Seiten handelten schnell: Noch bevor über die Frage der Sklaverei in Kansas abgestimmt werden konnte, strömten Siedler aus Nord und Süd gezielt in den neuen Staat im Westen, um die Mehrheit unter den Einwohnern zu erlangen. »Wir spielen um einen hohen Einsatz, deshalb müssen wir mutig vorgehen. Wir organisieren uns. Wir werden gezwungen sein, Menschen zu erschießen ... Doch wenn wir gewinnen, können wir die Sklaverei bis zum Pazifik vorantreiben.« So äußerte sich Senator David Atchison aus Missouri, der am Tag der Abstimmung, am 30. März 1855, mit 5000 Befürwortern der Sklaverei, auch Bushwackers genannt, nach Kansas gekommen war. Sie besetzten Häuser

und Wahllokale, stellten Schützen auf den Dächern der Westernstädte auf und gaben viermal so viele Stimmen ab wie Wähler registriert waren. Damit verhalfen sie einer extremistischen Administration ins Amt, die keine Kritik an der Sklaverei duldete. Doch die andere Seite, die Freesoilers, konterte und stellte eine Gegenregierung auf, die die Sklaverei ausdrücklich verbot, den Afroamerikanern aber auch nicht erlaubte, in Kansas zu siedeln. Die Situation eskalierte und ein Stellvertreterkrieg um die Frage der Sklaverei brach aus. Jetzt versuchten die beiden Parteien auch mit Waffengewalt, ihre Ziele zu erreichen. Sie stellten Milizen und Guerilla-Gruppen auf, um gegen die andere Seite vorzugehen, und versetzten so den Staat in einen bürgerkriegsähnlichen Zustand. Zu den politisch motivierten Sklavereigegnern und -befürwortern gesellten sich zudem gewaltbereite Revolverhelden, die nicht für eine Ideologie kämpften, sondern nur den eigenen Vorteil im Sinn hatten.

Einer der gewaltbereiten Befürworter der Sklaverei war Sheriff Samuel J. Jones. Der gebürtige Vir-

Der religiöse Fanatiker John Brown sah seinen Kampf gegen die Sklaverei als göttliche Mission an. Er schreckte daher nicht davor zurück, die Sklaverei notfalls auch mit Waffengewalt zu verhindern. Seine Aktionen kosteten nicht nur die Menschenleben seiner Gegner, auch einige seiner Söhne starben während der Kämpfe.

ginier kam im Herbst 1854 aus dem Süden der USA mit seiner Frau und seinen beiden Kindern nach Kansas und brachte seine rassistische Gesinnung mit in den Westen. Auch er zog am Tag der Wahl zur ersten Legislatur in Kansas mit einer Gruppe Gleichgesinnter los, um die Stimmabgabe in Bloomington, Kansas zu behindern und so die Sklavereibefürworter an die Macht zu bringen. Wenige Monate später, am 27. August 1855, wurde er von der neuen Regierung für seine Verdienste im Kampf um den Staat zum Sheriff von Douglas County ernannt. Damit begann seine zwei Jahre dauernde Gewaltherrschaft, die im November 1855 einen ersten Höhepunkt fand. Die ohnehin angespannte Situation zwischen beiden Lagern eskalierte, als Sheriff Jones die Stadt Lawrence belagern ließ. Die Stadt war wenige Jahre zuvor, 1854, von Siedlern aus Neuengland gegründet worden, die der Anti-Sklaverei-Bewegung angehörten. Da die Stadt nahe der Grenze zu Missouri lag, wuchs sie schnell und entwickelte sich zur Anlaufstelle vieler Gegner der Sklaverei. Ausgelöst wurde die Belagerung durch

die Ermordung eines Sklaverei-Gegners, was in der Folge zu mehreren Racheakten zwischen beiden Seiten führte. Sheriff Jones beschloss daher, Stärke zu demonstrieren und dem Hort der Anti-Sklaverei-Bewegung eine Lektion zu erteilen. Mit 1500 gewaltbereiten Revolverhelden belagerte er die am Wakarusa River gelegene Stadt, zog sich aber nach Verhandlungen nach einer Woche wieder zurück. Die Verteidiger der Stadt, James Lane und der Abolitionist John Brown, wurden zu Helden der Anti-Sklaverei-Bewegung. John Greenleaf Whittier verewigte den bei diesen Kämpfen gefallenen Thomas Barber in dem Gedicht »Burial of Barber«.

Doch Sheriff Jones gab nicht auf. Am Morgen des 21. Mai 1856 überfiel er mit einer Truppe von 800 Mann die Stadt Lawrence erneut. Die brutalen und blutigen Auseinandersetzungen, die daraufhin folgten, gelten für viele Historiker als inoffizieller Beginn des Amerikanischen Bürgerkrieges (1861 bis 1865). Jones gelang es zudem, die Druckerpressen der Zeitungen Herald of Freedom und Kansas Free State, die beide die Sklavereigegner unter-

Mehrfach wurde die Stadt Lawrence, Kansas vor und während des Bürgerkrieges von Guerillakämpfern und Banditen heimgesucht. Die Stadt wurde somit zum Sinnbild des blutig umkämpften Staates, in dem schon Jahre vor dem Bürgerkrieg kriegsähnliche Zustände herrschten.

stützten, zu zerstören. Die Stadt wurde geplündert, das Free State Hotel, in dem viele Sklavereigegner aus Neuengland abgestiegen waren, zerstört und das Haus des Gouverneurs, der zur Gegenseite hielt, niedergerissen. Mitten in der brennenden Stadt soll Sheriff Jones gejubelt haben, dass dies der glücklichste Tag in seinem Leben sei, während seine Männer die Stadt plünderten. Was für sie keinen Wert hatte oder was sie nicht fortschleppen konnten, zerstörten sie. Dieser Vorfall ging als Sack of Lawrence (Plünderung von Lawrence) in die Geschichte ein und schürte in den Nordstaaten die Angst vor dem Süden.

Doch auch die Gegner der Sklaverei schreckten nicht vor Gewalt zurück. So plante John Brown als Reaktion auf den Überfall auf Lawrence einen Vergeltungsschlag. Noch im Mai 1856 verübte er das Pottawatomie Massaker, bei dem er mit seinen Söhnen fünf Bushwhackers erschoss. Daraufhin erließ die sklavereifreundliche Regierung einen Haftbefehl für John Brown. Als eine Armee-Einheit versuchte, ihn zu ergreifen, floh er. Jedoch wurden zwei seiner Söhne sowie ein weiteres Mitglied seines Umfeldes dabei gefangen genommen. Brown gab nun erst recht nicht auf, versammelte eine Gruppe schlagkräftiger Revolverhelden um sich und überfiel den Ort Black Jack, wo die drei festgehalten wurden. John Brown wurde, nachdem der 1859 bei Harper's Ferry die Sklaven im Süden zu einem Aufstand gegen ihre Herren führen wollte, hingerichtet und daraufhin im Norden zu einer Heldenfigur stilisiert. Mit dem Lied »John Brown's Body« wurde ihm posthum ein Denkmal gesetzt. Die Spirale der Gewalt drehte sich weiter. Für jeden Schlag hatte die andere Seite einen Gegenschlag bereit. Den Namen Bleeding Kansas (Blutiges Kansas) erhielt der umkämpfte Staat von dem einflussreichen Journalisten und Herausgeber der New York Tribune, Horace Greeley.

Schließlich mündete der Guerillakrieg in Kansas 1861 in den Amerikanischen Bürgerkrieg. Die Bewohner des Westens sahen diesen Konflikt mit großer Sorge. Der Krieg würde zwar sicherlich die Entscheidung bringen, ob im Westen die Sklaverei erlaubt oder verboten würde, allerdings befürchteten die meisten, dass sich die Regierung zu sehr auf den Krieg und weniger auf die innere Stabilität der neuen Territorien konzentrierte, so dass Gewalttaten und Gesetzlosigkeit zunähmen.

Die meisten Schlachten fanden östlich des Mississippi River statt, im Westen kam es nur vereinzelt zu Gefechten. In Kansas, das zuvor blutig umkämpft wurde, wurde während des ganzen Krieges nur eine einzige Schlacht ausgetragen. Texas schlug sich auf die Seite der Südstaaten, die sich in einer Konföderation gegen die Nordstaaten zusammenschlossen und sich aus den Vereinigten Staaten lösen wollten. Ihre Truppen nahmen gleich zu Kriegsbeginn das regionale Arsenal in San Antonio in Besitz, da es sonst in den Händen der Nordstaaten geblieben wäre. Von dort aus beabsichtigten die Konföderierten, die Herrschaft in New Mexico, Utah und Colorado zu übernehmen. Doch die Angriffe der Texaner wurden von den Truppen der Nordstaaten schnell zurückgeschlagen, die bis 1863 den Mississippi unter ihrer Kontrolle hielten. Missouri wurde zu einem Schlachtfeld, als Gouverneur Claiborne Fox Jackson gegen die Stimmen des Parlaments das Bundesarsenal in St. Louis mit über 60 000 Waffen den Truppen der Südstaaten zugänglich machte. Schnell rückten Soldaten aus den konföderierten Staaten Arkansas und Louisiana heran, um Jackson zu unterstützen. Die Truppen der Südstaaten wurden jedoch von General Samuel Curtis zurückgeschlagen, was die Zugehörigkeit Missouris zu den Nordstaaten wieder herstellte.

Nach dem Krieg strömten viele Veteranen des Krieges in den Westen. Viele von ihnen hatte im Krieg Haus, Hof und Familie verloren und versuchten nun dort einen neuen Anfang. Oftmals gerieten die gewaltbereiten Veteranen mit dem Gesetz in Konflikt oder in Streitigkeiten mit den Siedlern. Während des Krieges waren Volksmilizen entstanden, die auch nach dem Krieg weiterexistierten und als Banden ganze Städte terrorisierten.

Der Pony-Express

Nachdem sich viele Amerikaner an der Pazifikküste niedergelassen hatten, ergab sich ein neues Problem. War es möglich, Post über Land zu transportieren und somit auf den langen Seeweg zu verzichten? Die Infrastruktur des Landes musste ausgebaut werden. Der Bau einer transkontinentalen Eisenbahn war zwar diskutiert, seine Realisierung jedoch lag noch in weiter Ferne. In den 1850er Jahren, vor der Verlegung der Telegrafenlinie, wurde der Großteil der Post durch den Butterfield Overland Mail Service und seine Postkutschen befördert. Später wurde dieses Unternehmen von der Wells Fargo Company aufgekauft, die Passagiere und Post in ihren Kutschen mitnahm.

Daher taten sich die drei Geschäftsleute William Hepburn Russell, Alexander Majors und William B. Waddell mit einer kühnen Geschäftsidee zusammen: Sie planten den Pony-Express. Ihre Idee war, dass etwa 30 Reiter eine Stafette bilden sollten, um so die 3200 Kilometer lange Route von St. Joseph am Missouri bis nach Sacramento, der Hauptstadt von Kalifornien, zu überwinden. Jeder Reiter musste eine Strecke von 120 Kilometern bei Tag und Nacht, bei Sturm und Regen sowie im vollen Galopp zurücklegen. Alle 20 Kilometer wurde das erschöpfte Pferd gewechselt. Die gesamte Strecke mussten die kühnen Reiter in neun bis zehn Tagen schaffen. Für das Unternehmen standen auf der gesamten Route etwa 500 Pferde, 200 Stationsmeister und 200 Tierpfleger zur Verfügung. Etwa 150 Reiter arbeiteten für den Pony-Express.

Für den Dienst wurden nur junge Männer angeworben, die unter 18 Jahre alt und nicht besonders schwer waren. Die Reiter durften nicht mehr als 60 Kilo wiegen, da man den Pferden keine zusätzliche Last zumuten wollte. Bewaffnet waren sie nur mit einem Messer und zwei Pistolen, und auch die Satteltasche mit der Post durfte das Höchstgewicht von zehn Kilogramm nicht überschreiten.

Am 3. April 1860 nahm der Pony Express seine Tätigkeit auf. An diesem Tag verließ der erste Reiter im Galopp St. Joseph, Missouri. Auf ihrer Route verfolgten die Ponyexpressreiter eine ähnliche

Der Pony-Express war zwar nur kurze Zeit aktiv, dennoch wurde er aufgrund seiner Außergewöhnlichkeit schnell populär. Bis heute erinnert man sich in den USA gerne an den Mut und an das Durchhaltevermögen, das ein solches Unternehmen möglich machte.

Noch ist der Pony-Express das schnellste Kommunikationsmittel in den Westen. Auf ihrer Strecke passierten die Reiter häufig die Arbeiten an den Telegrafenmasten. Sobald der Osten mit dem Westen »verdrahtet« war, wurde der Pony-Express überflüssig.

Strecke wie 20 Jahre zuvor die Wagentrecks nach Oregon. Sie ritten den North Platte River entlang, überquerten die Rocky Mountains über den South Pass, durchquerten die Große Salzwüste in Utah und überwanden die Gipfel der Sierra Nevada, bis sie schließlich Sacramento in Kalifornien erreichten.

Der Pony Express war der Ursprung vieler Legenden und Geschichten und wirkte als waghalsiges Unternehmen in der Populärkultur bis weit ins 20. Jahrhundert hinein. Eine besondere Leistung erbrachte der junge William Cody, der Jahre später als Buffalo Bill zu internationaler Berühmtheit gelangte. Als er das Ende seiner Etappe erreicht hatte, fiel der nachfolgende Reiter aus. So kam es, dass er alleine an einem Stück 520 Kilometer ritt. Dies soll in der gesamten Zeit, in der der Pony-Express aktiv war, der einzige Ausfall gewesen sein. Bis heute wird behauptet, in dieser Zeit sei nur ein einziger Postsack abhanden gekommen. Trotz seiner Berühmtheit war der Ponyexpress nur ein kurzlebiges Unternehmen und bestand lediglich knapp 18 Monate. In dieser Zeit wurden etwa 35 000 Briefe befördert. Insgesamt legten die Reiter zusammen etwa eine Million Kilometer zurück.

Der Ponyexpress wurde vom Telegrafen gewissermaßen abgelöst. Bereits seit 1844 gab es eine telegrafische Verbindung zwischen den Städten Washington und Baltimore, und in den Folgejahren spannte sich ein Netz von Telegrafenleitungen zwischen den großen Metropolen der Ostküste. Schließlich machten sich die zwei Unternehmen, die Pacific Telegraph Company of Nebraska und die Pacific Telegraph Company of California, daran, eine durchgehende, transkontinentale Telegrafenverbindung zu errichten. Die eine Gesellschaft baute von Nebraska aus Richtung Westen, die andere von Kalifornien in Richtung Osten. Beide trafen am 24. Oktober 1861 in der Nähe von Salt Lake City, Utah aufeinander. Eine Nachricht von Ost nach West dauerte nun nur noch wenige Minuten. Das Ende des Ponyexpress war damit besiegelt.

Der Bau der transkontinentalen Eisenbahn

Schon in den 1840er Jahren hatte die amerikanische Politik über den Bau einer transkontinentalen Eisenbahn nachgedacht, die den Osten mit dem Westen verbinden sollte. Die Eisenbahn hatte bereits das Leben im Osten verändert und die industrielle Revolution vorangetrieben. Bis zum Beginn des Bürgerkrieges reichte das Schienennetz jedoch erst bis zum Missouri. Eine transkontinentale Strecke bedeutete, dass Berge durchschnitten, Wüsten überwunden und die Prärien der Indianer durchquert werden mussten. Ein solches Unternehmen war riskant, Investoren wie Politiker zögerten. Doch vor allem als Kalifornien 1850 als Staat in die amerikanische Union aufgenommen wurde, bemühten sich Wirtschaft und Politik, neue Kommunikationswege aufzubauen und die Reisezeiten zu verkürzen. Der Postkutsche folgte der Ponyexpress, der wiederum vom Telegrafen ersetzt wurde. Schließlich genehmigte Präsident Abraham Lincoln am 1. Juli 1862 den Bau einer transkontinentalen Eisenbahn. Dieser Bau beruhte auf einem 1857 entwickelten Plan des Eisenbahningenieurs Theodore Dehone Judah, der von den Geldgebern Collis P. Huntington, Mark Hopkins, Leland Stanford und Charles Crocker, den sogenannten Big Four, unterstützt wurde. Gemeinsam hatten sie 1861 die Central Pacific Railroad Company gegründet.

Die Schienen dringen in die unendlichen Weiten des Westens vor. Schon im 19. Jahrhundert symbolisierte die Eisenbahn den Aufbruch in die Ferne und transportierte die Sehnsüchte der Menschen.

Nur durch die Unterstützung der Regierung konnte ein solches Unterfangen bewerkstelligt werden. Sie stellte die nötigen Kredite und das erforderliche Land bereit und vergab im Jahr 1862 zwei Konzessionen zum Bau der Strecke: Die Central Pacific Railroad Company sollte von Sacramento, Kalifornien aus durch die Sierra Nevada in Richtung Osten vorstoßen, während die Union Pacific Railroad Company von Missouri in Richtung Westen – quer durch die Prärien der Indianer – bauen sollte. Beide Unternehmen erhielten riesige Staatskredite: 16 000 Dollar bei flachem Gelände, 32 000 Dollar in den Hochebenen und 48 000 Dollar in den Bergen. In nur einem Jahr hatten die Lobbyisten die Summe verdoppelt, indem flache Strecken zu Hochebenen erklärt wurden. Zusätzlich versprach der Kongress den Unternehmen 25 000 Quadratkilometer Regierungsland für jede Meile fertig gestellte Strecke, das sie profitabel an größere Siedlungsgesellschaften verkauften. Bald lieferten sich die beiden Kompanien einen Wettkampf um jeden Kilometer und um das damit verbundene Land. An einem noch unbestimmten Ort irgendwo im Westen, sollten sich die beiden Linien treffen.

Rund 10 000 Mann trieben die Union Pacific Railroad durch die weiten Prärien in Richtung Westen, zum Rhythmus der in die Schwellen geschlagenen Eisennägel. Die meisten Arbeiter waren Einwanderer aus Irland oder Deutschland. Vereinzelt gab es auch Mexikaner, Engländer, ehemalige Soldaten des Bürgerkrieges oder ehemalige Sklaven aus den Südstaaten. Dicht gedrängt lebte dieser Melting Pot nachts in Eisenbahnwagen, während sie tagsüber Schulter an Schulter schufteten. Es brauchte fünf Mann, um eine der 700 Pfund schweren Schienen zu bewegen, drei Meilen Strecke schafften die Arbeiter an einem Tag.

Die Union Pacific baute alle hundert Kilometer ein Basislager, aus dem später die Städte des Wilden Westens entstanden: Fremont, Ogalala, Green River, Cheyenne, Laramie. Zusätzlich sprossen – wie beim Goldrausch über ein Jahrzehnt zuvor – zahlreiche Städte wie Pilze aus dem Boden. Einige von ihnen verschwanden wieder, andere existieren noch heute. Den Eisenbahnern folgten Prostituierte, Zuhälter, Glücksspieler, Schnapsbrenner und Revolverhelden und prägten das Bild des Wilden Westens nachhaltig.

Unter dieser Menge an Menschen litt die unberührte Natur des Westens natürlich sehr. Um ihre Arbeiter zu ernähren, beauftragte die Union Pacific Büffeljäger, die die Eisenbahner mit frischem Fleisch versorgen sollten. Doch das Vordringen der

Schiene für Schiene und Schwelle für Schwelle brachte der Eisenbahnbau die Zivilisation in den Westen. Bald sollte es möglich sein, den Westen in vornehmen Eisenbahnwagons zu bereisen und zu bestaunen.

Bis 1880 waren etwa 300 000 Chinesen über Kalifornien in den Westen gekommen. Diejenigen, die nicht am Bau der Eisenbahn beteiligt waren, ließen sich meist in San Francisco nieder, in Chinatown. Die meisten Chinesen arbeiteten in Wäschereien und Nähereien, in kleinen Schuh- oder Zigarrenfabriken. Obwohl verglichen mit anderen Nationalitäten nur verhältnismäßig wenige **Einwanderer aus China** kamen, war die ablehnende Haltung, die vor allem durch die kulturelle Eigenständigkeit der Chinesen hervorgerufen wurde, groß. Die chinesische Minderheit war in den neuen Städten oftmals hilflos gewalttätigen Überfällen ausgeliefert, litten in Kalifornien doch gewerkschaftlich organisierte Arbeiter sowie kleine Geschäftsleute unter der Konkurrenz. Sie fürchteten, den sparsamen und fleißigen Chinesen wirtschaftlich unterlegen zu sein. Ab 1882 verbot der Chinese Exclusion Act schließlich ungelernten Arbeitern aus China die Einwanderung und den Erwerb der amerikanischen Staatsbürgerschaft.

Dampflokomotiven wie die »Lokomotive No. 119« prägten bald das Bild, wo wenige Jahre zuvor noch Büffelherden durch die Prärien zogen. Die abgebildete Lokomotive ist ein detailgetreuer Nachbau der »No. 119« der Union Pacific, die im Mai 1869 an den Feierlichkeiten am Promontory Point teilnahm.

Eisenbahn in die vermeintlich unberührte Wildnis störte die Lebensweise der Prärieindianer auf das Empfindlichste. Besonders das sinnlose Abschlachten ganzer Büffelherden, das von einigen Jägern als Sport und nicht zur Versorgung der Arbeiter betrieben wurde, hatte große Auswirkungen. Die Indianer lebten gewissermaßen in Symbiose mit den Büffeln, ihrer Lebensgrundlage. Nahezu jeder Gebrauchsgegenstand bestand aus Büffelleder, Blasen oder Knochen der Tiere. Zudem war das Büffelfleisch die Hauptnahrung der Prärieindianer. Schließlich entschlossen sich die Cheyenne, Lakota-Sioux und Arapaho gegen den Eisenbahnbau vorzugehen. Sie überfielen Züge, ließen sie entgleisen und schossen auf die Wachmannschaften. Dadurch fiel die Union Pacific weit hinter ihren Zeitplan zurück. Wie in vielen Konflikten zuvor entsandte die Regierung in Washington schließlich 5000 Soldaten, die für die Sicherheit der Eisenbahner sorgen sollten, den Konflikt an sich aber nicht lösen konnten.

An der Westküste begann am 8. Januar 1863 die Arbeit der Central Pacific Railroad. Nachdem der Hauptingenieur, Theodore Dehone Judah, an Gelbfieber gestorben war, übernahm Charles Crocker, einer der Big Four, selbst die Aufsicht über die Arbeiten. Die Central Pacific musste zunächst den Gebirgskamm der Sierra Nevada überwinden. Hierzu musste sie zahlreiche Sprengungen durchführen, riesige Tunnel durch das Gebirge graben und gewaltige Brücken konstruieren, um die Täler zu überspannen. Viele der 5000 Arbeiter verließen erschöpft den Eisenbahnbau und versuchten sich im Gebirge als Goldschürfer. Die Führung der Central Pacific Railroad Company musste schnell handeln und neue Arbeitskräfte gewinnen. Sie entschloss sich daher, Chinesen einzustellen, die seit einigen Jahren verstärkt nach Kalifornien einwanderten. Bald arbeiteten 11 000 Chinesen für die Central Pacific, die gezielt die Einwanderung in die USA in China bewarb.

Kaum war die Nachricht vom Zusammentreffen der Eisenbahnlinien im Osten angelangt, pries die Presse die **Zugfahrt über den Kontinent** an. Als George Pullman 1864 den ersten Luxuswagen für die Eisenbahn gebaut hatte, konnte auch die reiche Oberschicht standesgemäß reisen. In den Wagen der ersten Klasse fanden sie alles, was ihr Herz begehrte. Die Wagen waren mit bequemen Betten ausgestattet, hatten einen Rauchersalon sowie ein Speiseabteil. Auf Wunsch gab es Musik, während mit 55 Stundenkilometern die Landschaft vorbeizog. Für die Übrigen war es nicht so luxuriös. Die zweite Klasse bestand aus Großraumwagen mit Mittelgang. Betten gab es nicht, die Passagiere schliefen auf ihren Sitzen. Eng ging es in der dritten Klasse zu. Hier saß man dicht gedrängt auf Holzbänken. Sanitäre Einrichtungen fehlten, für ihre Verpflegung mussten die Reisenden selbst sorgen. Von Vorteil war die Bahnfahrt dennoch: Anstatt den Kontinent in mehreren Monaten mit Planwagen zu überqueren, dauerten die Strapazen auch in der dritten Klasse nur wenige Tage und man war am Ziel.

10. Mai 1869: Der letzte Nagel, der sogenannte »Golden Spike«, befestigte die letzte Schiene der transkontinentalen Eisenbahn. Neben den Arbeitern beider Eisenbahngesellschaften reiste auch Präsident Ulysses S. Grant persönlich nach Utah.

Für die Central Pacific Railroad waren die Chinesen von größtem Wert. Ohne sie hätte die Eisenbahngesellschaft die Sierra Nevada wohl nicht überwunden. Um nicht noch weiter an Boden zu verlieren, ließ Crocker bis zu 500 Fässer Schwarzpulver pro Tag einsetzen, um sich durch die Berge zu sprengen. Oftmals wurden die kleineren und leichteren Chinesen in kleinen Körben an Felswänden hinuntergelassen, damit sie die Sprengladungen befestigen und entzünden konnten. Während des Baus wurden so gewaltige Massen Fels gesprengt. Zudem entstanden mit der Hilfe der Chinesen 15 Tunnel durch die Sierra. Hier kamen die Arbeiter lediglich 24 Zentimeter am Tag voran. Doch 1868 hatte es die Central Pacific Railroad Company geschafft, vor ihnen lag die Hochebene Nevadas. Die Central Pacific war wieder im Rennen um das versprochene Land.

Im Frühjahr 1869 spitzte sich der Wettkampf der beiden Eisenbahngesellschaften im Norden Utahs zu. Rivalisierende Armeen von Arbeitern kämpften um jeden Meter Boden. Erst waren es fünf Meilen pro Tag, dann sechs dann sieben, schließlich zehn. Trupps beider Seiten, die weit vor den Streckenköpfen den Eisenbahnbau vorbereiten, passierten einander in entgegen gesetzten Richtungen, da noch immer kein Treffpunkt der Streckenteile festgelegt war. Schließlich griff die Regierung ein und bestimmte, dass beide Linien am Promontory Point in der Wüste von Utah zusammenstoßen sollten. Am 10. Mai 1869 war es schließlich so weit. Präsident Ulysses S. Grant war hierfür aus Washington angereist und wohnte den Festlichkeiten bei, deren Höhepunkt die Befestigung des goldenen Nagels in die letzte, verlegte Schiene war. Sofort nach dem letzten Hammerschlag wurde die Fertigstellung der transkontinentalen Eisenbahnstreckte in den Osten sowie nach Kalifornien telegrafiert, und in Washington, D.C. wie auch in San Francisco jubelten die Menschenmassen. Eine Reise, die zuvor Monate gedauert hatte, nahm nunmehr nur noch wenige Tage in Anspruch. Ein Brief von New York nach San Francisco brauchte im Schnitt nur noch sieben Tage.

Bis 1890 folgten noch vier weitere, transkontinentale Eisenbahnstrecken. Der Bau brachte eine Vielzahl an Konsequenzen mit sich: den Aufschwung der Eisen- und Stahlindustrie, die Verstärkung des Kohlebergbaus, die weltweit vorbildliche Verbesserung der Eisenbahntechnik, die Beschleunigung der Besiedlung des Westens und die Verringerung von Frachtkosten. Ab 1869 gab nun nicht mehr der gleichmäßige Tritt der Ochsen, die die Planwagen über die Prärien zogen, den Takt vor, sondern das Schnaufen der Dampflokomotiven und das Rattern der Räder auf den Gleisen. Der Westen entstand praktisch über Nacht neu. Die Eisenbahn transformierte trostlose Orte wie Abilene, North Platte, Wichita und Dogde City zu boomenden Städten. Sie sorgte ebenfalls dafür, dass immer mehr europäische Einwanderer, Bürgerkriegsveteranen sowie Amerikaner aus den großen Städten an der Ostküste ihre Farmen bekamen. Ihr Bau war eine der größten technischen Leistungen überhaupt und bewies nicht nur, dass die USA den Kontinent beherrschten, sondern auf dem Weg zur Weltmacht waren. Die Zeit der Trapper und Fallensteller war endgültig vorbei, und das Zeitalter der Cowboys begann. Zudem hatte die Regierung den Westen durch die Eisenbahn besser unter Kontrolle als jemals zuvor.

Die Eröffnung der transkontinentalen Eisenbahn machte schnell die Runde. Nun war es möglich, bequem in den Westen zu reisen und die Natur zu bestaunen.

Verdrängung

Der Untergang der indianischen Lebensweisen

Das Ringen um die Bezeichnungen für die Ureinwohner Nordamerikas hat seinen Grund in der Entstehungsgeschichte der unterschiedlichen Begriffe und den Konnotationen, die die einzelnen Begriffe tragen. Eigentlich hatte Christopher Kolumbus beabsichtigt, nach Indien zu reisen. Als er nach seiner Überfahrt endlich an Land ging, nahm er an, wirklich in Indien gelandet zu sein und bezeichnete so die Ureinwohner (auf Spanisch) als Indios. Heute ist der Begriff Indios im Spanischen sowie Indian im Englischen abwertend gemeint. In beiden Sprachen bezeichnen diese Begriffe aber auch die Bewohner des eigentlichen Indien, so dass sich daraus zusätzlich Missverständnisse ergeben. Den Unterschied zwischen Inder und Indianer gibt es nur im Deutschen. Ebenso wird in Deutschland zwischen Indianer für die Ureinwohner Nordamerikas ohne die arktischen und subarktischen Bewohner und Indios für die Bewohner Lateinamerikas unterschieden. Der deutsche Begriff Indianer ist demnach eine Fremdbezeichnung, trägt aber keinerlei rassistische Bedeutung in sich. Er ist nur insofern nicht ganz korrekt, als dass die Ureinwohner selbst nie eine einheitliche Bezeichnung für sich hatten und dass sie sich auch nie als einheitliche Gruppe der Indianer Nordamerikas sahen. Dennoch kann er verwendet werden, wenn genau diese Gruppe bezeichnet werden soll. Treffendere Ausdrücke sind Native Americans oder »indigenous peoples of the Americas«.

Die vielen Stämme der Native Americans hatten verschiedene Sprachen, Kulturen und Religionen. Sie trieben einerseits Handel miteinander, andererseits gab es aber ebenso kriegerische Auseinandersetzungen zwischen einzelnen Gruppierungen. Aufgrund ihrer Unterschiedlichkeit waren sie jedoch weder für die frühen englischen Kolonisten noch für die amerikanische Bundesregierung ein gleichwertiger oder gar bedeutsamer Verhandlungspartner. Noch bis zum Bürgerkrieg ging die amerikanische Politik davon aus, dass die Indianer ihren Lebensraum auf den Prärien des Westens behalten sollten. Hierhin wurden bereits in den 1830er Jahren verschiedene Stämme deportiert, die dort ihre Unabhängigkeit behalten sollten. Doch der Siedlungsdruck aus dem Osten nahm immer weiter zu, und die Wagenkolonnen waren nicht mehr aufzuhalten. Zudem weckte das fruchtbare Land bei den Siedlern Begehrlichkeiten. Eine Folge davon war, dass die Gebiete, die den Indianern zugestanden wurden, immer kleiner wurden. Es kam zu neuerlichen Vertreibungen und ständigen Vertragsbrüchen durch Regierungseinheiten oder Siedler.

Einige Stämme akzeptierten ihr Schicksal und diese Entwicklung. Sie zogen sich teilweise resigniert in die Reservate zurück. Andere Stämme wiederum leisteten mit aller Kraft Widerstand gegen ihre Verdrängung – auch wenn es ihren Häuptlingen bewusst war, dass sie diesen Kampf nicht gewinnen konnten. Sie wussten, dass immer mehr Siedler kommen würden. Gerade in den Jahren nach dem Bürgerkrieg verschärften sich die »Indianerkriege«, die eigentlich schon seit der Verdrängung durch die ersten englischen Kolonisten im 17. Jahrhundert andauerten, nun aber ein neues Ausmaß annahmen. Die Sioux, Navajos, Cheyenne, Kiowa und Komantschen auf den Great Plains, die Nez Percés in den Rocky Mountains und die Apachen im Südwesten wehrten

Der amerikanische Maler George Catlin reiste in den 1830er Jahren in den Westen, um die indianischen Kulturen zu malen und Einzelpersonen zu poträtieren. 1837 stellte er seine Porträts erstmals in New York aus, zwei Jahre später wanderte die Ausstellung sogar nach Europa.

Catlin malte 1854 auch das Zeltlager der Ojibwa, einem nomadischen Stamm, der im Norden der Vereinigten Staaten ansässig war.

Bevor viele Indianerstämme anfingen, Pferde zu domestizieren, begaben sich die Krieger in Wolfsverkleidung auf die Büffeljagd. So schlichen sie am Boden nahe an die Tiere heran, bis sie in Reichweite ihrer Waffen waren.

sich mit aller Gewalt gegen ihre Vertreibung und Entrechtung. So kam es in den Jahren 1865 bis 1890 zu blutigen Konflikten zwischen den Ureinwohnern und der amerikanischen Armee, die die Siedler aus den Oststaaten und Europa zu beschützen versuchten und die Indianer in die Reservate umsiedeln sollten.

Der Widerstand der Lakota-Sioux

Bis 1874 hatte die Regierung unter anderem die Miwok, die Yokut, die Utah, die Modoc, die Schoschonen, die Paiute und die Navajos zum Aufgeben gebracht. Die meisten von ihnen lebten in den für sie vorgesehenen Reservaten und waren abhängig von der Versorgung durch die US-Regierung. Häufig trafen die Essensrationen aber nicht ein, so dass viele Indianer in den Reservaten Hunger und Armut erleiden mussten. Doch einige Stämme hatten sich noch nicht ergeben und leisteten verzweifelt Widerstand. Zu diesen Stämmen gehörten die Sioux, die sich aus den Lakota, Nakota und Dakota zusammensetzen und unter anderem die Unterstämme der Mandan, Assiniboin, Osaga, Biloxi, Catawba, Oto, Ponca und Winnebago um-

fassen. Sie waren Anfang des 17. Jahrhunderts noch ein kleiner und unbedeutender Stamm und wurden von ihren indianischen Feinden aus der Heimat im Osten vertrieben. Daraufhin siedelten sie sich im westlichen Wisconsin und weiter in Minnesota an. Französische Pelzhändler benutzten schließlich im 18. Jahrhundert das Wort »Sioux« für die gesamte Stammesgruppe. Schnell setzten sich die Sioux in den Ebenen und Prärien als vorherrschender Stamm durch. Dies hatte einen einfachen Grund: Sie hatten Wildpferde kultiviert und waren im Besitz von Schusswaffen. Zwar gab es auch andere Stämme, die Pferde besaßen, doch diese hatten keine Schusswaffen – und umgekehrt. Die Unterstämme der Sioux im Westen verstärkten ihre Vormachtstellung weiter, indem sie gegen schwächere Stämme Krieg führten. So stiegen die Sioux zu einem mächtigen Reitervolk auf und lebten hauptsächlich von den riesigen Büffelherden, die über die Prärien zogen. Das Fleisch war ihre wichtigste Nahrung, aber sie fertigten aus ihnen auch Kleidung, Alltagsgegenstände, Werkzeuge und Waffen. Somit bildeten die Büffel die Lebensgrundlage der Sioux und der anderen Prärieindianer.

Nach dem Ende des Bürgerkrieges sahen sich die Sioux mit einer völlig neuen und bedrohlichen Situation konfrontiert: Der Eisenbahnbau und die damit verbundene Entstehung neuer Farmen und Siedlungen in ihrem Gebiet jenseits des Mississippi bedeuteten auch die weitere Verdrängung und letztlich das Ende der noch eigenständigen Indianerkulturen. Die neuen Siedler bauten Städte, rodeten die Wälder, legten Gold- und Silberminen an, und die Regierung errichtete Forts zum Schutz der Siedler. Der Bau der transkontinentalen Eisenbahn bildete schließlich eine neue Qualität der Verdrängung, denn die Trasse der Eisenbahn verlief quer durch das Sioux-Gebiet. Die Arbeiter der Eisenbahn sowie die neuen Siedler benötigten Nahrungsmittel und begannen mit der Jagd auf die Büffel. Die riesigen Büffelherden, die wenige Jahrzehnte zuvor noch aus 30 bis 50 Millionen Tieren bestanden, waren ein Jahrzehnt später aufgrund der hohen Fellpreise im Osten und der Nahrungsbeschaffungsmaßnahmen der Siedler und Eisenbahnarbeiter nahezu ausgelöscht. Nicht zuletzt wurde es unter den Jägern zu einem Freizeitvergnügen, ja zu einem Sport, möglichst viele Büffel zu schießen, ohne an dem toten Tier oder seinem Fleisch interessiert zu sein. Mit dem sinnlosen Abschlachten der Tiere, zerstörten sie jedoch sukzessive die Grundlage der indianischen Kultur.

Am 17. September 1851 unterzeichneten in Fort Laramie Regierungs-
vertreter und Abgesandte der Sioux und anderer Stämme einen
Vertrag, in dem die US-Regierung den Indianern die Kontrolle über
die Great Plains, das geografische Herz der Indianergebiete, versprach.
Sie sollten »so lange die Flüsse fließen und die Adler fliegen« dort bleiben
können. Für jährlich 50 000 Dollar in den nächsten 50 Jahren garan-
tierten die Indianer den Siedlern des Oregon Trail freie und sichere Passage. Die Stämme erlaubten damit aber auch, Straßen und Forts in ihren
Gebieten zu bauen. Der Senat der USA ratifizierte den Vertrag, fügte aber
einen Paragrafen hinzu, der die Frist auf zehn Jahre reduzierte, falls die
Stämme zustimmten, was bis auf die Crow alle taten. So hatten die Indianer ihr Land zunächst gesichert, aber sie öffneten der Besiedlung Tür und
Tor. Der Vertrag aus dem Jahr 1868 war ein **Abkommen zwischen den
Vereinigten Staaten und der Lakota Nation**. Das Abkommen garan-
tierte den Lakota das für sie heilige Gebiet der Black Hills sowie weiteres
Land und die Jagdrechte in South Dakota, Wyoming und Montana.

Im Vertrag von Medota, der am 5. August 1851
zwischen den Dakota und der US-Regierung geschlossen wurde, verkauften die Santee-Sioux einen
Großteil ihres Landes und zogen in einen schmalen
Streifen am Minnesota River, der fortan das
Reservat bildete. Als 1862 die Zahlungen aufgrund
des Amerikanischen Bürgerkrieges (1861 bis 1865)
und einiger betrügerischer Händler ausblieben,
brach eine große Hungersnot aus. In deren Folge
kam es ab dem 17. August 1862 in der Nähe von New
Ulm, Minnesota zum ersten Aufstand der Sioux.
Unter der Führung ihres Häuptlings Little Crow töteten die Krieger etwa 450 Siedler und wollten damit die weitere Besiedlung ihres Gebietes unmöglich machen. Die US-Army reagierte schnell und
schlug den Aufstand binnen vier Wochen nieder.
Häuptling Litte Crow konnte zu den Teton-Sioux
fliehen, doch 2000 seiner Krieger mussten sich den
Amerikanern ergeben. 392 wurden vor Gericht gestellt, 307 zum Tode verurteilt. Entsetzt über das
Blutvergießen erwirkte Bischof Henry B. Whipp-
le aus Minnesota bei Präsident Abraham Lincoln
(Präsident von 1861 bis 1865) Gnade. Der Präsident
verwandelte die meisten Todesurteile in Haftstra-
fen. Er ließ lediglich 38 Todesstrafen, in denen
Mord oder Vergewaltigung nachgewiesen werden
konnten, ausführen.

Auf beiden Seiten war Blut geflossen und die
Fronten verhärteten sich. Nach der Niederlage waren auch die restlichen Sioux entschlossen, lieber
im Kampf ehrenvoll zu sterben, als sich den Amerikanern zu ergeben und in ein Reservat zu ziehen. In
den folgenden Monaten nahmen sie Rache für ihre
Toten, überfielen Siedlertrecks und Postkutschen
und verwickelten die US-Army in mehrere Schar-
mützel.

Ab 1864 nahmen die Überfälle der Lakota auf
Siedler zu. Die ständigen Attacken führten schließlich zum Einlenken der US-Regierung. Sie sprach
im Friedensvertrag von Fort Laramie vom 6. November 1868 den Lakota ein großes Gebiet zwischen dem Missouri und dem Platte River zu, das
den heutigen Bundesstaat South-Dakota umfasste.
Darüber hinaus ließen die USA alle Außenposten
innerhalb des besagten Gebietes räumen, erhielten
aber im Gegenzug die Erlaubnis, die Northern Pa-

Am 6. November 1868 wurde der Friedensvertrag von Fort Laramie unterzeichnet. Er sprach
das Gebiet des heutigen South Dakota der
Sioux Nation zur vollständigen Nutzung zu.

cific Railroad weiterhin durch das Lakota-Gebiet bauen zu dürfen. Als Ausgleich sicherten sie den Lakota jährliche Zahlungen über die nächsten 30 Jahre hinweg zu.

Die Schlacht am Little Bighorn River

Im Jahre 1874 kam es schließlich zu einer folgenschweren Expedition der US-Army in die Gegend der Black Hills unter der Leitung von General George Armstrong Custer. Einige der Soldaten entdeckten Gold und lösten damit eine ähnliche Hysterie wie 1849 in Kalifornien aus. Das Wort »Goldrausch« war im Westen wie im Osten in aller Munde. Und als die Presse berichtete, dass die Black Hills voll von Gold wären, kümmerte es nur noch Wenige, wem das Gebiet eigentlich gehörte. Schon bald hatten die Goldgräber ein Dutzend Camps auf dem Boden der Indianer errichtet. Das bedeutendste Camp wurde zur Stadt Deadwood, um die sich mehrere Wildwest-Legenden ranken.

Das heilige Land der Lakota wurde von Goldgräbern geradezu überrannt. Überall entstanden Holzhütten und Zeltcamps. Nach dem Vertrag von Fort Laramie war die Armee allerdings dazu verpflichtet, die Goldsucher aus dem Land der Lakota zu vertreiben. Aufgrund der großen Anzahl an Glücksrittern und Siedlern war ein solcher Schritt politisch im Kongress aber nicht zu vertreten. Die Regierung versuchte zunächst, den Indianern das Land abzukaufen und forderte am 9. Dezember 1875 alle außerhalb des Reservats lebenden Lakota auf, sich bis zum 31. Januar 1876 in den Reservaten einzufinden. Für die Lakota unter der Führung von Sitting Bull war dies eindeutig ein Vertragsbruch. Sie waren nicht bereit, ihr Land aufzugeben und in der frostigen Kälte in ein Reservat umgesiedelt zu werden. Sitting Bull gründete daraufhin eine Allianz aus verschiedenen Indianerstämmen. Die Regierung unter Präsident Ulysses S. Grant (Präsident von 1869 bis 1877), dem ehemaligen Nordstaatengeneral, rechnete nun mit einem erneuten Indianeraufstand und begann im Februar 1876 mit

Crazy Horse, der auf Lakota Tashunka Witko, »Geheimnisvolles Pferd«, hieß, war unter den Lakota vor allem für seinen verbissenen Kampfstil und als vorausschauende Führungspersönlichkeit bekannt. Zudem war er sehr bedacht, die Traditionen und Werte der Lakota zu erhalten. Bereits als junger Mann war er ein angesehener Krieger. Unter der Führung des Lakota Häuptlings Red Cloud bekämpfte er die Siedler in Wyoming in den 1860er Jahren. Mit aller Macht wollte er verhindern, dass die Siedler weiter in das Land der Lakota vordrangen. Aus seiner Sicht bedeutete dies das Ende der Traditionen seines Volkes. Als das Kriegsministerium 1876 alle Lakota in die für sie vorgesehenen Reservate beorderte, wurde er einer der Anführer des Widerstands der Lakota-Sioux. Nach vielen, auslaugenden Schlachten, zwang ihn der amerikanische General am 6. Mai 1877 schließlich zur Aufgabe und ins Reservat. Im Reservat traf Crazy Horse jedoch auf neue Feinde, die Häuptlinge Red Cloud und Spotted Tail, die sich lange vor ihm den Amerikanern angeschlossen hatten. Sie streuten Gerüchte, dass Crazy Horse einen erneuten Aufstand plante, und erzählten zudem dem befehlshabenden General George Crook, dass Crazy Horse ein Attentat auf ihn plane. Als Crazy Horse von der Verschwörung gegen ihr erfuhr, brachte er seine kranke Frau, die Halbindianerin Nellie Laravie, zu ihren Eltern außerhalb des Reservats, wo sein Verschwinden nur mit dem erwarteten Aufstand zu erklären war. Crazy Horse wollte die angespannte Situation aufklären und kehrte am 5. September 1877 ins Reservat zurück. Als ihn dort mehrere Wachen versuchten festzunehmen, kam es zu einem undurchsichtigen Handgemenge, in dem einer der Soldaten Crazy Horse mit einem Bajonett in die linke Niere stach. Noch in derselben Nacht verstarb er.

Das umstrittene Crazy Horse Memorial entsteht seit 1948 in South Dakota in der Nähe der vier Präsidentenköpfe von Mount Rushmore. Umstritten ist das Denkmal vor allem, weil die Beauftragung durch die Lakota stark bezweifelt wird und Crazy Horse sich zu Lebzeiten nie fotografieren lassen wollte.

den Vorbereitungen für eine militärische Operation. Die Sioux verbündeten sich wiederum mit den benachbarten Stämmen und lieferten sich unter der Führung der Häuptlinge Sitting Bull und Crazy Horse mehrere Gefechte mit der US-Army.

Da Crazy Horse in erster Ehe mit einer Cheyenne verheiratet war, konnte er diese überreden, sich den Lakota anzuschließen. Mit dieser Allianz zog er im Frühsommer 1876 gemeinsam mit Sitting Bull und anderen Häuptlingen gegen General Custer zu Felde. Am 6. Juni 1876 versammelten sich 3000 Lakota und Cheyenne am Rosebud Creek in Montana. Dort zelebrierten sie ihr heiliges Ritual des Sonnentanzes. Als Opfergabe brachte sich Sitting Bull hundert Schnitte an den Armen bei und hatte daraufhin in Trance eine Vision: »Wieder kommen die Soldaten um mein Volk anzugreifen, so zahlreich wie Heuschrecken. Doch dieses Mal standen sie Kopf und ihre Hüte fielen zu Boden, als sie in das Dorf der Lakota einrückten.« Bestärkt durch Sitting Bulls Vision eines Sieges zogen seine Krieger zum Little Bighorn River, und schlugen hier ein riesiges Lager auf. In den darauffolgenden Tagen stießen weitere 3000 Arapaho, Lakota und Cheyenne zu ihnen, die ihre Reservate verlassen hatten.

Wochen zuvor hatte in Chicago General Philipp Sheridan, von dem der Ausspruch »Nur ein toter Indianer ist ein guter Indianer« stammte, einen Kriegsplan gegen die Lakota ausgearbeitet. Drei Armeekolonnen sollten Sitting Bull, Crazy Horse und ihre Krieger ins Reservat treiben. Eine Kolonne sollte von Süden her nach Norden ziehen, eine zweite Kolonne von Montana Richtung Osten und eine dritte von Fort Abraham Lincoln aus nach Westen. Unter ihnen befand sich das 7. Kavallerieregiment unter dem Befehl von General Custer. Blind vor Ehrgeiz wollte Custer das »Indianerproblem« alleine lösen und auch den damit verbundenen Ruhm alleine ernten. So trieb er seine Truppen an, immer schneller vorzurücken: Sitting Bull sollte nicht entkommen. Sonntag, der 25. Juni 1876, war ein wolkenloser, sonniger Tag. An diesem Tag erblickten Custers Crow-Scouts in der Ferne das Lager der Lakota. Aber selbst durch ein Fernrohr war weder die Größe noch etwas Genaueres über das Lager zu erkennen. Custer trieb nun die Sorge, dass die Lakota ihn ebenfalls entdeckt haben könnten und gab den Befehl das Lager anzugreifen, damit niemand entkam. General Custer überschätzte seine eigene Kampfkraft und unterschätzte die der Indianer gewaltig.

Custer bemerkte zu spät, dass seine Soldaten keine Chance gegen die Übermacht der Lakota hatten. Als er schließlich seine Unterlegenheit eingeste-

Schon kurz nach der Niederlage am Little Bighorn River wurde General Custer bereits verklärt dargestellt. Mit wehender blonden Mähe erwehrt er sich auf einem Hügel tapfer und heldenhaft gegen die angreifenden Sioux.

hen musste, erklomm er die höchste Erhebung der Hügelkette am Little Bighorn River. Dort wurde er von den Häuptlingen Crazy Horse und Gall eingekesselt. Für Custer und seine mehr als 200 Soldaten gab es kein Entkommen. Alle fanden den Tod. Das Bild des umzingelten Custer jedoch machte seinen Weg als romantisierte und verklärte Heldendarstellung unter dem Titel »Custer's Last Stand« in den Osten und hielt Einzug in die Populärkultur.

Mit der Siedlungsgrenze schoben sich auch die militärischen **Außenposten und Forts** weiter nach Westen. Sie repräsentierten in den neuen Gebieten die amerikanische Regierung und den Präsidenten. Anders als in den meisten Filmen dargestellt, waren die Außenposten nicht immer von einer Holzmauer umgeben, weil es eher selten zu direkten Angriffen kam. Da sie in strategisch wichtigen Gebieten errichtet wurden, achteten die Erbauer aber auf eine natürlich geschützte Lage. Die Forts dienten in erster Linie den Soldaten als Basislager, zudem zur Überwachung wichtiger Pässe und Wege sowie zur Versorgung der Trecks und Siedler. Fort Laramie wurde auf dem Oregon Trail zu einem Anlaufpunkt für Siedler, die den Westen durchquerten. Später entstanden Forts in der Nähe der Eisenbahn, um die Arbeiter und später die Strecke zu schützen. Gegen Ende des 19. Jahrhunderts wurden Forts vor allem in der Nähe von Indianerreservaten errichtet, um einerseits die Indianer zu versorgen und ihnen Schutz zu bieten. Andererseits wollte man schnell eingreifen können, wenn es zu einem Aufstand kommen sollte.

Die für die Indianer siegreiche Schlacht bedeutete aber nicht das Ende des Krieges. Im Gegenteil rief die Niederlage unter den Soldaten, in der Politik und in Teilen der Bevölkerung großen Hass gegen die Lakota hervor. Präsident Grant gab seinen Generälen Philip H. Sheridan und William T. Sherman nun freie Hand, rigoros gegen die Indianer vorzugehen. Die im Bürgerkrieg von Sherman erprobte und praktizierte Strategie des totalen Krieges gegen die

Bevölkerung ließen die beiden Generäle nun gegen die Indianer walten. Sie vernichteten bewusst die restlichen Büffelherden und zerstörten mehrere Winterlager. Der Widerstand der Lakota war bald gebrochen; Crazy Horse ergab sich 1877 und wurde noch im selben Jahr im Reservat getötet. Sitting Bull konnte zunächst nach Kanada flüchten, stellte sich aber 1881 der Bundesbehörde. Die überlebenden Lakota wurden in Reservate verschleppt.

Der Feldzug gegen die Nez Percé

Die Nez Percé bewohnten ursprünglich ein weites Gebiet das heute größtenteils im Westen Idahos sowie zum Teil im Nordosten Oregons und im Südosten Washingtons liegen würde. Zu Beginn des 19. Jahrhunderts lebten sie in 70 Dörfern, die 30 bis 200 Bewohner umfassten. Der Stamm lässt sich in zwei Gruppen einteilen: Die oberen und unteren, Upper und Lower Nez Percé. Diese Einteilung erfolgt aufgrund der unterschiedlichen Dialekte, aber auch aufgrund mehrerer Traditionen und kultureller Eigenheiten.

Die ersten weißen Männer, die die Nez Percé jemals getroffen hatten, hießen Meriwether Lewis und William Clark. Auf deren Reise erklärten sich alle Nez Percé dazu bereit, die Expedition durch ihr Gebiet ziehen zu lassen und schlossen Freundschaft mit den beiden Entdeckern. Feierlich gelobten beide Seiten, niemals gegeneinander in den Krieg zu ziehen. Chief Joseph, ein Häuptling der Nez Percé behauptete einmal sogar, dass sein Stamm stolz darauf sei, mit den Amerikanern befreundet zu sein. Nachdem die Nez Percé fast 70 Jahre lang den Vertrag mit den Amerikanern nicht gebrochen hatten, fühlten sie sich betrogen, als sich mehrere Siedler in ihren angestammten Gebieten niederließen. Zu größeren Spannungen kam es im Jahr 1863, als die Vereinigten Staaten den Nez Percé einen Vertrag vorlegten, der das ihnen garantierte Stammesgebiet auf einen Bruchteil reduzieren sollte. Die Nez Percé waren sich nicht einig, ob sie das Angebot der US-Regierung annehmen und in den kleinen Teil ziehen sollten, der dann als Reservat eingerichtet werden würde. Der Vertrag führte schließlich zur Spaltung des Stammes: Ein Teil von ihnen unterzeichnete den Vertrag, der andere weigerte sich beharrlich.

Der Teil, der den Vertrag nicht unterzeichnen wollte, gehörte zu den Lower Nez Percé und bewohnte den südlichen Teil des Stammesgebietes. Zu ihnen gehörte auch Chief Joseph. Der Legende nach

Der große Häuptling
der Nez Percé, Chief
Joseph, auf einem Foto
aus dem Jahr 1903, als
er bereits im Reservat
lebte.

Der Dawes-Act trat am 8. Februar 1887 in Kraft und sollte die **Landverteilung an die Indianer** im Indianer-Territorium und in den anderen Reservaten regeln. Um ihn im Reservat der Nez Percé in Idaho durchzusetzen, kamen 1889 zwei Amerikanerinnen, Alice Fletcher und Jane Gay, in den Westen. Fletcher war Mitbegründerin der neuen Wissenschaft der Ethnologie und Mitverfasserin des neuen Gesetzes. Ihre Begleiterin Gay war Fotografin und Autorin und sollte die Zeit bei den Nez Percé dokumentieren. Sie wollten deren Kultur retten, indem sie das Land aufteilten und die Indianer zu Siedlern machten. Alice Fletcher erklärte den Nez Percé die Landvergabe, die Bedeutung der Bürgerrechte und ihren persönlichen Wunsch, dass der ganze Stamm die Chancen der Veränderung und die Möglichkeiten für die Zukunft einsehen möge. Nach ihrer gut gemeinten Rede schwiegen die Nez Percé lange. Nach einer kurzen Beratung stand ein Sprecher auf und teilte Alice Fletcher mit, dass die Nez Percé nicht wollen, dass ihr Land in kleine Teile unterteilt wird. Zudem haben sie nicht um die Hilfe der Amerikanerinnen gebeten. Fletcher, die die Vision hatte, die Nez Percé zu einem Leben in persönlicher Freiheit auf der Grundlage von Besitz und Eigentum zu bringen, hatte mit dieser Reaktion nicht gerechnet und blieb stur. Das Gesetz sei zu befolgen, war ihre feste Überzeugung. Bald begann sie, das Reservat zu vermessen. Vier Jahre lang versuchte Alice Fletcher das Land unter den Indianern aufzuteilen und die Weißen davon abzuhalten, es zu besiedeln. 11 000 Quadratkilometer verteilte sie unter den Nez Percé und richtete diese für sie ein, bevor sie in den Osten zurückkehrte. Der Dawes-Act sollte den Indianern helfen, doch letztlich schadete er ihnen nur. 1895 wurden 31 500 Quadratkilometer Land der Nez Percé, die nicht vergeben wurden, als Überschuss erklärt und zur Besiedlung freigegeben. 1910 lebten 30 000 Amerikaner im Nez Percé Reservat und nur noch 1500 Indianer.

Der charismatische Chief Joseph starb im Reservat laut behandelndem Arzt an gebrochenem Herzen. Sein halbes Leben lang hatte er darum gekämpft, in die ursprünglichen Weidegründe der Nez Percé zurückzukehren.

wurde er von seinem sterbenden Vater an dessen Totenbett gebeten. Sein Vater erklärte ihm: »Mein Sohn, eines Tages wirst Du der Häuptling des Stammes sein. Denk immer daran, dass ich unser Land nie verkauft habe. Tue auch Du dies nicht. Denn ich werde bald neben all Deinen Vorfahren in diesem Land begraben sein. Verkaufe also niemals die sterblichen Überreste deiner Eltern!« Chief Joseph gewährte seinem Vater diese Bitte und versprach, dass er das Land niemals verkaufen werde.

Als die US Regierung die gesamten Nez Percé in ein Reservat umsiedeln wollte, war Chief Joseph fest entschlossen, das Land seines Stammes nicht aufzugeben und die geplante Umsiedlung zu verweigern. Mit den anderen Häuptlingen diskutierte er die angespannte Situation. Doch zur gleichen Zeit verübten einige junge Indianer einen Racheakt gegen weiße Siedler und vergossen so das erste Blut in diesem Konflikt. Chief Joseph und die anderen Häuptlinge waren nun überzeugt, dass ein Krieg mit den Amerikanern nicht mehr zu vermeiden sei. Da dies den Untergang der Nez Percé bedeuten würde, sahen sie in der Flucht nach Kanada, die einzige Möglichkeit zu überleben. Im Juni 1877 brach Chief Joseph mit 700 Nez Percé auf. Ein Viertel der Gruppe war Krieger, der Rest bestand aus Frauen, Kindern und Greisen. Die Flucht zog sich über vier Monate quer durch den Nordwesten der USA. Mehrfach waren die Nez Percé in Kämpfe mit der US-Army verwickelt, die beide Seiten über 100 Tote und zahlreiche Verletzte kostete. Die Flucht vor den amerikanischen Soldaten laugte die Fliehenden aus und brachte sie an den Rand ihrer Kräfte.

Am 5. Oktober 1877, nur zwei Tagesritte von der kanadischen Grenze entfernt, musste Chief Joseph schließlich aufgeben. Seine Gruppe war so geschwächt, dass sie nur hätte entkommen können, wenn sie die Verwundeten, Alten und Kinder zurückgelassen hätte. 50 Krieger machten sich in der Nacht auf nach Kanada und schlossen sich dort Sitting Bull und den Lakota an. Der Rest der Nez Percé wurde gefangen genommen und zunächst in wechselnde Reservationen in Kansas gebracht, bis sie 1879 schließlich im Indianer-Territorium, dem späteren Oklahoma, angesiedelt wurden. Während der Umsiedlung starben weitere 130 Nez Percé an einer Malarie-Epidemie.

Chief Joseph setzte sich für seinen Stamm ein und bat den Kongress darum, wieder in die angestammten Gebiete zurückkehren zu dürfen. Während es einem kleinen Teil erlaubt wurde nach Idaho – in ein Reservat – zurückzukehren, musste Chief Joseph mit dem größeren Teil im Jahr 1885

eine weitere Umsiedlung erdulden. Er wurde in die Colville-Reservation in den späteren Bundesstaat Washington gebracht, nahe dem ursprünglichen Gebiet der Nez Percé. Die Rückkehr ins Wallowa-Tal im heutigen Oregon blieb ihm aber verweigert. Bis zu seinem Tod am 21. September 1904 in Colville kämpfte er vergebens für eine Rückkehr in seine Heimat.

Die Häuptlinge der Apachen: Cochise und Geronimo

Die Apachen gehören zu den Athapasken und wanderten im 14./15. Jahrhundert zusammen mit den Navajo aus Alaska über die Prärien in die Gebiete der heutigen amerikanisch-mexikanischen Grenze. Dort teilten sie sich in verschiedene Gruppen

Der Apachenhäuptling Geronimo wurde zum Sinnbild des indianischen Widerstandes im Südwesten. Über Jahre führte er einen Guerillakrieg gegen die US-Army.

Geronimos Apachen nach ihrer Aufgabe und dem Ende des Widerstandes. Mit dem Zug werden sie in das vorgesehene Reservat gebracht.

auf, zu denen unter anderem die Jicarilla, Kiowa-Apachen und Mescalero gehören. Auf ihrem Zug durch den Kontinent hatten sie sich mit vielen anderen Stämmen verfeindet und wurden schließlich in die unwirtlichen Wüsten im Südwesten gedrängt. Zunächst lebten sie von Überfällen auf andere Indianer, bis sie schließlich den Ackerbau erlernten und sesshaft wurden. Von den Zuni-Indianern, die eigentlich in dieser Region lebten und mit denen sie verfeindet waren, erhielten sie auch ihren Namen, denn eigentlich bezeichneten sie sich selbst abhängig vom jeweiligen Dialekt als Inde, T'Inde, N'de, was »Menschen« bedeutet. Die Zuni nannten sie Apachù, »Feinde«, und die Spanier, die als erste Europäer auf sie trafen, übernahmen das Wort.

Die Apachen passten sich an die Lebensbedingungen in der Wüste an und lernten, sich lautlos zu bewegen, da es in der Wüste keine Möglichkeit gab, sich zu verstecken. Zudem waren sie gute Läufer und Reiter. Im Kampf zogen sie es vor, ihre Feinde aus dem Hinterhalt zu überfallen. Offene Schlachten vermieden sie. Seit Ende des 16. Jahrhunderts kämpften sie gegen die Spanier, die es schafften, die Apachen allmählich nach Norden zu drängen. Eine der Maßnahmen war die 1835 eingeführte Prämie von hundert Dollar auf Apachenskalps, die in den mexikanischen Staaten Sonora und Chihuahua ausgesetzt wurde. Nachdem die Gebiete der Apachen im amerikanisch-mexikanischen Krieg an die USA gefallen waren, dauerte es nicht lange,

Verhandlungen zwischen General Crook und dem Chiricahua-Apachen Geronimo im Canon de los Embudos, Sonora (Mexiko) vom 25.–27. März 1886.

bis es zu den ersten Kämpfen zwischen den Apachen und der US-Army kam. Als 1861 der amerikanische Bürgerkrieg ausbrach, setzten beide Kriegsparteien ebenfalls Prämien auf Apachenskalps aus. Was zu blutigen Auseinandersetzungen führte.

Das Leben von Cochise, dem großen Häuptling der Apachen, stand ganz im Zeichen des Widerstands. Zuerst wehrte er sich gegen die mexikanische Besiedlung, und als diese unter anderem die Gebiete der heutigen Staaten New Mexico und Arizona an die Vereinigten Staaten von Amerika verloren, widersetzte er sich der amerikanischen Besiedlung. Konnte er sich noch erfolgreich gegen die Mexikaner durchsetzen, musste er sich der US-Army geschlagen geben.

1861 wurde Cochise von dem ehrgeizigen Lieutenant George Bascom zu Unrecht des Viehdiebstahls beschuldigt und sollte festgenommen werden. Cochise flüchtete, weil er vermutete, dass sich hinter der Anschuldigung eine Falle verbarg. Um ihn zur Rückkehr zu bewegen, ließ Bascom einen Teil seiner Familie gefangen nehmen. Aber er unterschätzte Cochise. Der Apache nahm nun seinerseits Geiseln, die er Bascom zum Austausch anbot. Als Bascom den Gefangenenaustausch ablehnte, töteten die Apachen ihre Geiseln. Bascom nahm dies zum Vorwand und stellte Cochise nun öffentlich an den Pranger. Als Vergeltung für den Tod der Amerikaner richtete Bascom drei Verwandte von Cochise hin.

Dieser Vorfall löste einen erneuten Indianerkrieg aus, während dessen Dauer Cochise zum gefürchteten Anführer der Chiricahua-Apachen aufstieg und zusammen mit Geronimo einen Guerillakrieg gegen die US-Army führte. Erst 1872 gelang es nach einem zähen, langen Kampf aufgrund der Vermittlung des amerikanischen Kundschafters und Postreiters Tom Jeffords, einen Friedensvertrag auszuhandeln, bei dem Cochises Stamm eine eigene Reservation zuerkannt wurde. Jeffords hatte 1871 versucht, Cochise zu überreden, die Postkutschen nicht mehr zu überfallen. Beeindruckt von den Worten und dem Mut Jeffords' entwickelte sich zwischen ihm und dem Postreiter eine tiefe Freundschaft.

Doch nur zwei Jahre nachdem Cochise im Juni 1874 gestorben war, wurde das Reservat seiner Apachen aufgelöst. Sie wurden nun zu den anderen Stämmen der Apachen in das San-Carlos-Reservat umgesiedelt, wo sie dieselben ärmlichen Verhältnisse vorfanden, wie sie überall in den Indianerreservaten herrschten. Cochise diente dem deutschen Schriftsteller Karl May als Vorlage für seine Romanfigur Winnetou. Gefragt nach dessen Todestag, gab May Cochises Sterbedatum am 8. Juni 1874 an. Zur Blutsbrüderschaft seiner fiktiven Helden Winnetou und Old Shatterhand mag May auch durch die Freundschaft von Cochise und Tom Jefferds inspiriert worden sein.

Für den Schamanen Geronimo, der 1823 geboren wurde, ereignete sich im Jahr 1858 eine Tragödie. Mexikanische Truppen des Militärgouverneurs von Sonora töteten seine Mutter, seine Frau und seine drei Kinder. Daraufhin schwor der ehemals friedliebende Geronimo Rache und verbündete sich mit dem Häuptling der Chiricahua-Apachen, Cochise, gegen die Mexikaner. Jährlich zog er nach Mexiko und wütete dort unter der Bevölkerung. Als Cochise 1874 starb, wurde Geronimo auf Empfehlung von Cochises Sohn Naiche zum Kriegshäuptling gewählt. Zur gleichen Zeit wollte die US-Army auch hier die Region befrieden und versuchte, die Indianer in ein Reservat einzuweisen. Zunächst scheiterten sie jedoch, weil es ihnen nicht gelang, die Apachen aufzuspüren. Die Kavallerie stellte daher mehrere Apachen als Kundschafter an, die die Region bestens kannten und schließlich die Häuptlinge aufspüren konnten.

Nach mehreren Kämpfen gelang es der US-Kavallerie schließlich 1876, Geronimo und seine Krieger zu stellen. Daraufhin wurde er in die San-Carlos-Reservation gebracht. Diese Reservation lag am Rande der Wüste, deshalb herrschte dort Wasser-

mangel. Ihr Zustand unterschied sich kaum von den Reservaten der Prärieindianer. Häufig blieben die Nahrungslieferungen aus. Viele Apachen starben noch im ersten Jahr an Unterernährung oder an Krankheiten, die durch die neuen Lebensumstände hervorgerufen wurden. Geronimo konnte das Elend seines Volkes nicht mit ansehen und beschloss daher, mit seinen Leuten aus dem Reservat auszubrechen. Um erneuten Konflikten mit der US-Army zu entgehen, überschritten die Apachen die mexikanische Grenze. Dort waren die Amerikaner machtlos.

In den nächsten Jahren überfielen Geronimo und seine Leute kleinere Dörfer und Farmen auf beiden Seiten der Grenze, um vor allem Nahrungsvorräte und Pferde in ihren Besitz zu bekommen. Dies führte dazu, dass er bald auch auf der mexikanischen Seite von Regierungstruppen gejagt wurde. Nirgendwo war er mehr sicher und das auf ihn ausgesetzte Kopfgeld erhöhte sich auf 2000 Dollar. Um dem Problem Herr zu werden und die Lage in New Mexico zu beruhigen, erhielt General Nelson A. Miles am 12. April 1886 den Auftrag, Geronimo zu fassen. Miles schickte seinen Captain Henry Lawton mit der Kavallerie los, um Geronimo aufzuspüren und ihn auszuliefern – tot oder lebendig.

In den nächsten Monaten jagte die Kavallerie mit 5000 Soldaten und 500 Kundschaftern, die aus Apachen und Navajo bestanden, Geronimo durch die Berge und Wüsten. Dem Apachenhäuptling gelang es jedoch immer wieder zu entkommen. Teilweise zog er sich hinter die mexikanische Grenze zurück oder er verschanzte sich im Gebirge. Doch die Jagd kostete ihn und die Seinen viel Kraft, denn nirgendwo konnten sie sich lange aufhalten. Am 4. September 1886 gab Geronimo schließlich am Skeleton Canyon, Arizona auf. Von seinen ursprünglich 500 Kriegern waren nur noch 36 am Leben. Bis zu dem Zeitpunkt war dieser Feldzug der bislang längste und teuerste der US-Army. Der Krieg mit den Apachen kostete zudem mehr Menschenleben als alle anderen Indianerkriege.

Geronimo verbrachte den Rest seines Lebens als Gefangener. Zunächst wurde er nach Fort Picken in Florida gebracht, später zu den Mount Vernon Barracks, Alabama. 1894 schließlich verlegte man ihn in das Indianer-Territorium, den späteren Staat Oklahoma. Geronimos größter Wunsch war es, noch einmal seine Heimat im Südwesten der USA zu sehen, doch dies blieb ihm verwehrt. Im Indianerterritorium bekam er ein Stück Land zugewiesen, das er bebaute. Dort lebte er bis zu seinem Tod am 17. Februar 1909.

Als letzter Widerstand leistender Indianer-häuptling hatte Geronimo nationale Berühmtheit erlangt. So war er bei der Weltausstellung von St. Louis 1904 zugegen, wie auch bei der Inaugurationsparade von Theodore Roosevelt 1901. Präsident Roosevelt war es auch, der schließlich die Veröffentlichung von Geronimos Lebensgeschichte erlaubte. Zuvor hatte Geronimo, der eigentlich Gokhlayeh, »der Gähnende«, hieß, seine Geschichte S. M. Barrett, dem Superintendanten für Erziehung und Bildung in Oklahoma geschildert. Barrett schrieb nieder, was Geronimo ihm erzählte, allerdings sollen einige Stellen überarbeitet worden sein.

Die Geistertanzbewegung

Um 1890 lebte kein indianisches Volk mehr auf dem eigenen Land, sogar ihr traditionelles Leben war in den Reservaten durch den Dawes Act gefährdet. Zudem waren häufig die Lebensmittel knapp, und Epidemien wie Keuchhusten und Mastern suchten die Indianer heim. Die Situation schien für viele Indianer trostlos.

Bereits in den 1860er Jahren hatte sich die spirituelle Erweckungsbewegung des Geistertanzes im Nordwesten der USA unter den Indianern schnell ausgebreitet. Ein Schamane der Paiute hatte eine Vision, in der er sah, dass die alten Zeiten und die indianische Lebensweise wiederkehren würden. Die Geister seiner Vorfahren versprachen ihm, sie kämen zurück und die weißen Eroberer würden verschwinden. Um die Geister der Vorfahren anzurufen, versetzten sich die Anhänger des Geistertanzes in einen tranceartigen Zustand. In einem Kreis tanzten Männer wie Frauen zum Schlag der Trommeln und hielten sich an den Händen. Das Ritual des Geistertanzes und die damit verbundene Hoffnung auf eine bessere Zukunft fielen in der Phase des Niedergangs der Indianer auf fruchtbaren Boden. Schnell verbreitete sich das Ritual und erreichte von Nevada aus Kalifornien und Oregon, bald den ganzen Nordwesten und sogar einige Stämme des Südens.

Nun, am 1. Januar des Jahres 1889 hatte der Prophet und Seher Wovoka, ebenfalls vom Stamm der Paiute, eine weitere Vision während einer Sonnenfinsternis. Eine göttliche Stimme beauftragte ihn, die Indianer Nordamerikas zu erlösen. Zuvor war Wovoka als Jack Wilson auf einer strenggläubigen Mormonen-Ranch aufgewachsen, wo er mit Elementen des Christentums in Berührung kam und

Der Geistertanz war ein panindianisches Phänomen. Angeregt von dem Schamanen Wovoka verbreitete sich das Ritual schnell über die angeschlagenen Stämme des Westens.

Englisch sprechen lernte. Seine Prophezeiung ähnelte derjenigen aus den 1860er Jahren: Bald werde die Zeit kommen, in der sich alle Indianer vereinigen, die riesigen Büffel- und Pferdeherden zurückkommen und die Weißen fortgehen. Er vermengte aber auch christliche mit den indianischen Elementen. Die Indianer sollten sich einer Reinigung im Wasser unterziehen, dem Alkohol abschwören und gewaltlos leben. Er predigte vor allem die Nächstenliebe und den gewaltlosen Widerstand. Der Geistertanz selbst würde alle Indianer vor den Waffen der amerikanischen Soldaten schützen.

Wovokas Botschaft sprach sich nun schnell bei allen nordamerikanischen Indianern herum. Er gab den Indianern ein neues Selbstbewusstsein und Hoffnung auf eine bessere Zukunft. Unter monotonen Gesängen und dem Dröhnen der Trommeln tanzten seine Anhänger so lange, bis sie vor Erschöpfung in Trance fielen und sich so nahe bei den Geistern ihrer Vorfahren glaubten. Da dieses neue Phänomen Gewalt und Kriege ablehnte, wurde sie zunächst positiv von den Indianer-Beauftragten der Regierung aufgenommen.

Die vielen unterschiedlichen Stämme fügten dem Geistertanz jeweils neue Elemente aus ihrer eigenen Kultur und Tradition hinzu. Auch einige Sioux hatten den Geistertanz übernommen, lehnten aber die pazifistischen Gebote Wovokas ab. Zum Geis-

Sitting Bull

Der Lakota Sitting Bull ist einer der berühmtesten nordamerikanischen Indianer. Er war Teil der Widerstandsbewegung in den 1870er Jahren und trat später ebenso in Buffalo Bills Wild Westshow auf.

tertanz trugen sie sogenannte »Geisterhemden«, die einen Schutz gegen die Kugeln der US-Army geben sollten. Schnell änderte sich die Haltung der US-Regierung, die nun den Geistertanz als Gefahr ansah und befürchtete, dass aus dieser Bewegung letztlich ein panindianischer Widerstand entstehen und sich gegen die Amerikaner wenden könnte. Die Reservationsbehörden fürchteten sich vor einer Massen-Bewegung und reagierten mit Zwangsmaßnahmen, um einen möglicherweise drohenden Aufstand bereits im Vorfeld zu ersticken. Zur gleichen Zeit hatte Sitting Bull im Standing Rock Reservat der Lakota-Sioux eine erneute Vision, wie damals vor der Schlacht am Little Bighorn River. Er sah, dass er von der Hand eines Stammesbruders fallen würde. Obwohl er den Geistertanz eher skeptisch betrachtete, befürchtete die US-Regierung, dass sich Sitting Bull der Bewegung öffentlich anschließen würde. Dies könnte zu einem erneuten Aufstand der Lakota führen. Daher forderte ihn die Regierung auf, den Geistertanz im Standing Rock Reservat zu verbieten. Sitting Bull hingegen erlaubte den Geistertanz im Reservat und bereitete sich vor, in das etwas südlicher gelegene Pine Ridge Reservat zu reisen, um dort am Geistertanztreffen der Lakota teilzunehmen. Schnell machte das Gerücht die Runde, dass Sitting Bull sich an die Spitze einer

neten. In dem folgenden Durcheinander traf Sitting Bull eine Kugel in den Kopf – aus der Waffe des Lakota-Polizisten Red Tomahawk. Seine Vision, er würde durch die Hand eines Stammesbruders sterben, hatte sich somit erfüllt. Entsetzt über den Tod des großen Sitting Bull und aus Angst vor der Army flüchteten seine Anhänger aus dem Reservat und schlossen sich Häuptling Big Foot an.

Wounded Knee

Es war bitterkalt im US-Bundesstaat South Dakota an jedem 28. Dezember 1890. Big Foot, der alte,

Einige Lakota-Sioux in der Pine Ridge Reservation in South Dakota. Vor den Gebäuden der Indianeragentur warten sie auf die Versorgung durch die US-Army.

Verschwörung gestellt habe. Er sollte daraufhin verhaftet werden und im Gefängnis bleiben, bis sich die Angelegenheit um den Geistertanz wieder beruhigt hatte. Am 15. Dezember 1890 wurden 43 Polizisten der Lakota losgeschickt, um Sitting Bull in Gewahrsam zu nehmen. Vorsichtig folgte ihnen die 7. US-Kavallerie. Als die Polizisten Sitting Bulls Haus betraten, versammelten sich vor dem Haus seine Anhänger. Die Situation war angespannt, und Sitting Bull zögerte, sich aus freien Stücken den Polizisten zu übergeben. Als er schließlich abgeführt wurde, erschoss einer seiner Anhänger einen der Polizisten, woraufhin beide Seiten das Feuer eröff-

schwerkranke Sioux-Häuptling, war auf dem Weg ins Pine Ridge Reservat, um am dortigen Geistertanztreffen teilzunehmen. Auf seiner Reise hatte er die letzten Anhänger Sitting Bulls aufgenommen, die nach dem Tod des Häuptlings aus Angst vor der Indianerpolizei und den amerikanischen Soldaten das Reservat verlassen hatten. Sie befürchteten weitere willkürliche Verhaftungen und Gewalttaten. Insgesamt folgten Big Foot 350 Männer, Frauen und Kinder, die erschöpft von dem zweiwöchigen Marsch durch den Schnee waren.

Am nächsten Tag wurde die Gruppe am Wounded Knee Creek von der US-Army umstellt. Kurz nach

Sonnenaufgang forderte Colonel John Forsyth die Sioux auf, ihre Waffen den Soldaten zu übergeben. Obwohl die Indianer sich den Soldaten nicht widersetzten und ihre Waffen abgaben, befahl Forsyth, die Zelte und die Indianer selbst zu durchsuchen. Getreu den Geboten des Geistertanzes, sich nicht provozieren zu lassen und nicht gewalttätig zu werden, nahmen die Sioux diese Provokation hin. Als Reaktion fingen einige Indianer mit dem Geistertanz an, den die Soldaten kritisch und ängstlich verfolgten. Nachdem zunächst alles friedlich verlaufen war, eskalierte die angespannte Situation binnen Sekunden, als bei einem jungen Sioux-Indianer ein Winchester-Gewehr gefunden wurde. Einige Soldaten versuchten, ihm die Waffe zu entreißen, dabei löste sich ein Schuss. Daraufhin eröffneten die Soldaten das Feuer auf die Gruppe und schossen auf jeden Sioux, auf Männer, auf Frauen und Kinder. Manche flohen oder versteckten sich in den Zelten, doch vergebens. Binnen kurzer Zeit starben über 200 Indianer und 25 Soldaten, die zum großen Teil von den Kugeln der eigenen Kameraden getroffen wurden. Die toten Indianer wurden auf der vereisten Prärie liegen gelassen. Nach diesem brutalen Vorgehen ergaben sich am 15. Januar 1891 die letz-

ten 4000 Geistertänzer. Der bewaffnete Widerstand der Indianer war damit endgültig gebrochen.

Fortan fand der Großteil des indianischen Lebens in den einzelnen Reservaten statt. Noch bis in die heutige Zeit ist das Leben dort von großer Armut geprägt, die Arbeitslosigkeit ist hoch, der Alkoholismus weit verbreitet und das Gesundheitswesen schlecht organisiert. Die Ursprünge der Indianer-Reservate gehen dabei auf das Jahr 1640 zurück. In diesem Jahr verkaufte Uncas, der Häuptling der Mohikaner, den Großteil des Landes seines Stamms an die neuengländischen Siedler in Connecticut. Ein Rest des Gebietes wurde für die Nutzung seines Stammes »reserviert«. 1786, kurz nach dem Ende des Unabhängigkeitskrieges, wurde schließlich das erste Reservat der Vereinigten Staaten eingerichtet, um das Zusammenleben zwischen den Siedlern und den Indianern zu regeln. Die Siedler sollten nicht mehr in das Indianergebiet ziehen, sondern in ein zuvor von den Indianern gekauftes und entsprechend deklariertes Land. Allerdings hielten sich nur die wenigsten Siedler an dieses Abkommen. Aus Sicht der Indianer wurden die Weißen vertragsbrüchig und die Regierung in Washington musste ständig neu mit den Stämmen verhandeln.

Resigniert fanden sich die Indianer in den Reservaten ein, die den Widerstandskampf und ihr freies Leben aufgegeben hatten.

Landnahme

Die Besiedlung des Wilden Westens

Entdecker und Forscher erkundeten und vermaßen das weite Land Nordamerikas und fertigten Landkarten an. Sie zeichneten detaillierte Pläne des Westens und teilten das Land in Quadrate von 6 Meilen Seitenlänge auf. Diese unterteilten sie wieder in Blöcke von Quadratmeilen und diese wiederum in Parzellen von 160 Acre (ein Acre entspricht etwa 4047 Quadratmetern). Diese Parzellen wurden auf öffentlichen Auktionen versteigert oder waren direkt beim Staat zu erwerben.

Mit der Eisenbahn war es nun leichter, in den Westen zu gelangen und durch den Telegrafen von dort aus mit Familienmitgliedern, Freunden oder Geschäftspartnern im Osten in Kontakt zu bleiben. Waren zuvor hauptsächlich die Gebiete im fernen Kalifornien und Oregon besiedelt worden, rückte nun die große Fläche zwischen den Oststaaten und der Westküste in den Mittelpunkt des Interesses der amerikanischen Siedlungsbemühungen. Doch erst 1862, nach dem Ausscheiden der Südstaatler aus der amerikanischen Union, fand sich eine Mehrheit im Kongress für die alte Forderung der Free Soil Party nach einem Farmgesetz, das als Homestead Act oder Heimstättengesetz bekannt wurde. Dieses Gesetz sollte mittellosen Bewohnern der Ostküste sowie den neuen Siedlern aus Europa die Möglichkeit einräumen, Land im Westen zu kaufen. Die Europäer mussten eine Absichtserklärung unterschreiben, die amerikanische Staatsbürgerschaft anzunehmen. Dafür konnten sie bis zu 160 Acres für 1,25 Dollar je Acre kaufen und mussten ihr Land fünf Jahre lang bebauen. Die Eisenbahngesellschaften verlangten beispielsweise im Durchschnitt drei Dollar für einen Acre Land.

Mit dem Pacific Railroad Grant hatte die Regierung das Land für den Bau der transkontinentalen Eisenbahn zur Verfügung gestellt. Insgesamt handelte es sich dabei um etwa 700 000 Quadratkilometer. Die Eisenbahngesellschaften standen dabei unter einem besonderen Druck bei der Landvergabe. Sie hatten nur fünf Jahre Zeit, ihr Land zu verkaufen oder zu verpachten. Häufig veräußerten die Manager der Eisenbahnlinien das von der Regierung erhaltene Land direkt an die Siedler, um so die Gründung einer Stadt anzuregen. In einigen Fällen warteten die Verantwortlichen der Eisenbahn sogar erst ab, wie sich Siedlungen entwickelten und ob diese zu Städten wurden, bevor sie die endgültige Streckenführung festlegten. Das führte mitunter zu erbitterten Auseinandersetzungen zwischen der Eisenbahn und einigen Landbesitzern, die auf die Ankunft der Eisenbahn warteten. In vielen Fällen vervielfachte sich so nämlich der Wert des Landes.

Mit dem Morrill Act von 1862 vergab die Regierung Ländereien an die Einzelstaaten für landwirtschaftliche Zwecke und zum Aufbau von Bildungseinrichtungen. Dadurch sollte die ländliche Wirtschaft angekurbelt werden. Den Staaten war es zudem erlaubt, Teile dieser Ländereien zu verkaufen, um mit dem Gewinn Bildungseinrichtungen zu finanzieren.

Mit dem Homestead Act setzte sich bei den Siedlern auch durch, dass Prärien, die bislang als ödes und nutzloses Land deklariert worden waren, sehr wohl als Weide- und Ackerland genutzt werden konnten. Richteten sich bislang die amerikanischen Siedlungsversuche Richtung Südwesten oder zur Pazifikküste hin, so wurde ab 1865 die Region im Landesinneren interessant, die man eigentlich für die Indianer vorgesehen hatte. Neue Entwicklungen in der landwirtschaftlichen Technik ermöglichten es, das von Gras durchzogene Land zu durchbrechen und für den Ackerbau nutzbar zu machen.

Da es in der Prärie des 19. Jahrhunderts kaum Holz gab, griffen die ersten Farmer, die sich in den Prärien niederließen, auf andere natürliche Baumaterialien zurück. Sie bauten sich sogenannte Sodenhäuser. Dazu verwendeten sie dicke Lehm- und Grasblöcke, die Soden, und für die Dächer Äste und Grasgeflecht. Auf diese Weise entstanden ganze Dörfer. Als Brennmaterial nutzten sie Kuhfladen, die bei der Viehhaltung anfielen.

Die neue Eisenbahnlinie und der Homestead Act zogen die unterschiedlichsten Menschen in die Prärien. Bürgerkriegsveteranen, ehemalige Gold-

sucher und frühere Sklaven errichteten dort ebenso ihre Farmen wie arme Einwanderer aus Irland und Deutschland.

Krieg in Lincoln County, New Mexico

Traditionell ließen die Cowboys ihre Rinder auf dem offenen, freien Land weiden. Es gab weder Abgrenzungen noch eingezäuntes Gebiet, nur weite Natur. Dies änderte sich mit dem Heimstättengesetz von 1862. Nun wurde das freie Land im Westen vermessen, aufgeteilt und vergeben. Immer mehr Siedler bauten ihre eigenen kleinen Farmen oder kleine Städte in das ehemals offene Land. Sie steckten ihren Besitz ab und begrenzten ihr Eigentum mit Stacheldraht. Dadurch wurde das offene

In den weiten der Prärien war Holz eine Seltenheit. Daher bauten die Siedler ihre Häuser aus Lehm, den sogenannten Soden.

Viele Amerikaner wie auch neue Einwanderer aus Europa packten ihren wichtigsten Besitz auf einen Planwagen und zogen in den fernen Westen, um dort ein besseres Leben zu beginnen.

Ab den 1860er Jahren gab es bald in jeder Siedlung im Westen ein Telegrafenamt. Der »singende« Draht war vielerorts die einzige Verbindung zurück in die Zivilisation.

Weideland immer kleiner, und es fiel den Cowboys immer schwerer, die Herden von Texas aus zu den Verladestationen der Eisenbahn zu treiben. Oftmals nahmen sich Siedler ein Stück Land zur Bebauung, das eigentlich den Rinderzüchtern gehörte. Daher reagierten die Besitzer der großen Rinderfarmen und grenzten nun ihrerseits das Land ab. Dies änderte auch das Aufgabenfeld der Cowboys. Waren sie wenige Jahre zuvor noch im offenen Gelände damit beschäftigt, die Rinder zusammen zu halten, kontrollierten sie nunmehr die Zäune und Stacheldrähte, die quer durch die Prärien gingen und den Besitz der Rinderbarone markierten.

Der Westen war bis dahin ein Ort der Freiheit gewesen. Da er aber – verglichen mit der Ostküste – trotz der Siedlerströme immer noch dünn besiedelt war und nicht über eine vergleichbare Infrastruktur, vor allem im Polizei- und Ordnungswesen, verfügte, versuchten nun verschiedene Gruppen, sich selbst ihr Recht zu verschaffen. Bald bekriegten sich die Rancher untereinander oder die Siedler mit Rinderbaronen. Hinzu kamen einflussreiche Industrielle aus dem Osten, die Ursprünge des späteren Stereotyps des geldgierigen Yankees in den Filmen Hollywoods. Sie reisten mit der Eisenbahn und nicht etwa mit dem Planwagen oder dem Pferd. Ihnen war es auch nicht wichtig, ein Stück Land urbar zu machen oder in der freien Natur zu leben. Sie witterten im Westen Profit. Diese Großindustriellen investierten in den Bergbau oder in die Vieh- und Ölwirtschaft. Um ihre skrupellosen, geldgierigen Maßnahmen durchzusetzen, schreckten sie nicht davor zurück, die Konkurrenz mit Waffengewalt einzuschüchtern.

In Lincoln County, New Mexico kam es so im Jahr 1878 zu einem ersten großen Weidekrieg zwischen den alteingesessenen Ranchern und industriellen Investoren. Durch das »alte Geld« aus dem Osten fühlten sich viele Rancher in ihrer Existenz bedroht. Als nach dem Ende des Bürgerkrieges die meisten Indianer in Reservate umgesiedelt waren und weitere Siedler nach New Mexico strömten, entstand dort ein neuer, riesiger Markt für Rindfleisch.

In Lincoln County lebte der Rinderbaron John S. Chisum. Er war mit Leib und Seele Rancher und besaß über 100 000 Rinder. Die geldgierigen Kapitalisten aus dem Osten verachtete er zutiefst. Er war bekannt als konservativer, harter Mann, der ein weiches Herz hatte. Den Machthunger der Investoren aus dem Osten konnte er nicht verstehen. In Lincoln County war er die unumstrittene Autorität. Dies änderte sich, als der Geschäftsmann Lawrence

G. Murphy nach New Mexico kam und mit seinem Partner James Dolan die einzige Bank sowie den einzigen Drugstore, Murphy & Dolan Mercantile and Banking, in der Region eröffnete. Mit allen legalen und illegalen Mitteln versuchte er, die Macht über die Region an sich zu reißen. Er setzte Preise fest und verlangte Wucherzinsen von denjenigen, die ihm nicht folgten. Zusammen mit seinen Partnern gelang es ihm schließlich, auch die Landvergabe unter seine Kontrolle zu bringen, was ihm nahezu uneingeschränkte Macht in Lincoln County einbrachte.

Sein mafiöses Netz wurde von allen »Santa Fé Ring« genannt und arbeitete mit Erpressung und Bestechung. Für den Kommandeur von Fort Stanton, Colonel Nathan Dudley, und seine Soldaten gab es großzügige Geldgeschenke. Ebenso kaufte er den Sheriff des County, William Brady, und den Generalstaatsanwalt Thomas Benton Catron. Er brauchte sich nun nicht mehr vor den Gesetzeshütern zu fürchten. Die einzige Gefahr drohte ihm von den Rinderbaronen, deren Einfluss er aber schon deutlich zurückgedrängt hatte, zudem fügte er ihrer Rinderzucht erheblichen Schaden zu. Chisum und andere Rinderzüchter verstanden, dass sie sich nicht mehr auf das Gesetz verlassen konnten und griffen im Streitfall zu ihren Waffen. Daher umgab sich Murphy mit zahlreichen Revolverhelden und Killern, die nicht zögerten, den Willen ihres Anführers durchzusetzen. Für Rinderzüchter Chisum war Murphy das Ende des Wilden Westens. Menschen wie Murphy kannten die Sehnsucht nach Abenteuer und Freiheit nicht, die Natur und die Indianer waren ihnen gleichermaßen egal. Sie warteten ab, bis sie den Westen wirtschaftlich ausbeuten konnten. Für sie zählte nur der Profit.

Da sich Chisum nicht unterkriegen lassen wollte und auch nicht gewillt war, Murphys »Santa Fé Ring« beizutreten, setzte ihn der reiche Industrielle bald unter Druck, indem er es erreichte, dass Chisum die Lieferverträge für Rindfleisch von der US-Army aufgekündigt wurden. Die Situation eskalierte, als der in Hackney, England geborene John Tunstall nach Lincoln County kam und sich mit Chisum sowie dem Anwalt Alexander McSween verbündete. Um Murphys Monopol zu brechen, eröffneten die drei einen eigenen Drugstore. Der Industrielle empfand dies als Provokation und rief zum Kampf auf. Die Bewohner Lincoln Countys bezogen nun Stellung. Diejenigen, die Murphy bestochen hatte, stellten sich auf seine Seite, die anderen unterstützten Chisum, Tunstall und McSween. Am 18. Februar 1878 wurde Tunstall bei einem Ausritt von Murphys Revolverhelden umstellt und erschossen. Einige von Tunstalls Männern, unter ihnen auch Billy the Kid, konnten den Mord beobachten und schworen nun ihrerseits Rache. Der Lincoln County War hatte begonnen.

In den nächsten Monaten bekämpften sich beide Seiten aufs Härteste. Tunstalls Männer bildeten mit der Unterstützung von Alexander McSween die Regulators, die sich den Revolvermännern Murphys entgegenstellten. In den Kämpfen fanden mehrere Männer den Tod, unter ihnen Sheriff Brady, den Billy the Kid am 1. April 1878 auf der Main Street in Lincoln erschoss. Danach wurden die Regulators steckbrieflich gesucht. Der Höhepunkt der Auseinandersetzung war die Battle of Lincoln, als am 15. Juli 1878 die Regulators in McSweens Haus von den Männern Murphys umstellt wurden. Während der nächsten drei Tage kam es zu verschiedenen Schusswechseln, bei denen auf jeder Seite jeweils ein Mensch starb. Die Kavallerie schritt ein mit dem Auftrag, ein Blutbad zu verhindern und stellte sich zwischen die beiden Fronten. Doch als am 19. Juli der von Murphy bestochene Colonel Nathan Dudley eintraf, zwang er die Kavallerie auf die Seite Murphys. Um die Regulators endlich aus ihrer Deckung zu bringen, setzten Murphys Männer schließlich das Haus von McSween in Brand. Verzweifelt stürmten Billy the Kid und die anderen Regulators ins Freie, woraufhin Murphys Männer und die Soldaten das Feuer auf sie eröffneten. Tödlich getroffen sank

Alexander McSween zu Boden. Doch die meisten, unter ihnen Billy the Kid, konnten entkommen. Als Lawrence G. Murphy im Herbst 1878 an Krebs starb und der neue Gouverneur Lewis Wallace eine Amnestie für die Regulators aussprach, war der Krieg in Lincoln County beendet. Dennoch zog in den nächsten Jahren keine Ruhe ein. Immer wieder kam es zu Überfällen und Schusswechseln durch herumstreunende Regulators.

Billy the Kid wandte sich an Chisum, der ihm noch 500 Dollar schuldete. Der Rinderbaron aber weigerte sich, ihm das Geld auszubezahlen. Woraufhin Billy drohte, sich Rinder im Gegenwert der Summe zu nehmen. Er begann mit einigen Regulators, Rinder von Chisum und anderen Ranchern zu stehlen, und destabilisierte das ohnehin schon verunsicherte County aufs Neue. Um endlich für Ruhe in der Region zu sorgen, unterstützte Chisum 1880 die Wahl Pat Garretts zum Sheriff von Lincoln County. Garrett begann nun mit der Jagd auf Billy the Kid und seine Bande. Es gelang ihm schließlich, den Gesuchten in Stinking Springs, New Mexico zu stellen und für seine Inhaftierung zu sorgen. Nach mehreren Gefängnisaufenthalten wurde Billy the Kid am 21. April 1881 nach Lincoln verlegt und in das dortige Gerichtsgebäude gesperrt. Dem ehemaligen Regulator gelang es nach 14 Tagen jedoch, aus dem Gefängnis zu entkommen. Anstatt nach Mexico zu fliehen, blieb Billy aber in der Gegend. Sheriff Pat Garrett setzte nun alles daran, den Outlaw zu

Auch das war Alltag im Wilden Westen – ein Überfall auf friedliche Stadtbewohner und vor allem auf die Bank.

Billy the Kid

Es ist nicht wirklich klar, unter welchem Namen Billy the Kid geboren wurde. Ob es nun Henry McCarty, William H. Bonney, Henry Antrim oder auch Kid Antrim war, ist ebenso schwer zu klären, wie sein Geburtsdatum. Einer Legende nach soll er schon mit zwölf Jahren jemanden erstochen haben, der seine Mutter beleidigt hatte. Doch diese Tat hat Billy the Kid – wie die meisten seiner insgesamt 21 – wahrscheinlich nie begangen. Belegt sind vier Morde. Den ersten beging er 1877, als er den Schmied Frank »Windy« Cahill während einer Schlägerei in Notwehr erschoss. Die Gerichtsjury votierte für schuldig, so dass Billy flüchten musste. Die nächsten Monate trieb er sich im ganzen Südwesten herum, bis er schließlich nach Lincoln County kam, wo ihn der Engländer John Tunstall einstellte. Damit gehörte Billy gewissermaßen zu einer von zwei Seiten im Rinder-

krieg in Lincoln County. Als sein Förderer Tunstall erschossen wurde, schwor Billy the Kid Rache. Binnen kurzer Zeit wurde er als gefürchteter Killer und Räuber bekannt. Rücksichtslos beging er Diebstähle und war ständig auf der Flucht. Zwar wurde er einige Male von der Polizei gefasst, doch gelang es ihm, immer wieder zu entkommen. Am 18. Juli 1881 spürte ihn Sheriff Pat Garrett auf – er war ein ehemaliger Freund Billys, der die Seiten gewechselt hatte – und erschoss den gerade einmal 21jährigen. Wie um seinen Ursprung gibt es auch um seinen Tod eine Kontroverse. Zwei Personen behaupteten später, dass sie Billy the Kid seien. Allerdings hielt die Überprüfung ihrer Aussagen einer Untersuchung nicht stand, so dass man mittlerweile mit Sicherheit sagen kann, dass es Billy the Kid war, der von Pat Garrett erschossen wurde.

finden, und erschoss ihn am 14. Juli 1881 ohne Vorwarnung, als er das Schlafzimmer seiner Geliebten im Haus von Pete Maxwell in Fort Sumner betrat.

Dem Lincoln County War folgten noch weitere »Weidekriege«. An allen Orten gerieten neu angekommene Industrielle mit alteingesessenen Ranchern oder Rinderbarone mit neuen Siedlern in Konflikt. Da sich alle Seiten jeweils im Recht sahen und sich in Selbstjustiz ihr Recht zu verschaffen suchten, entstanden überall Banden und Gangs, die sich auf eine der Seiten schlugen oder die letzten unkontrollierten Freiräume nutzten, die der Westen bot. Sie überfielen Banken und Posttransporte und verschwanden irgendwo in der Prärie, wo sie das Gesetz nicht fassen konnte. Der letzte der Weidekriege war der Johnson County War in Wyoming, bei dem es 1892 zu einem bewaffneten Konflikt zwischen den Revolverhelden der Rinderbarone

und den kleinen Farmern und Ranchern kam, die sich vereint der Übermacht entgegenstellten.

Die ersten Nationalparks

Im Winter des Jahres 1831 stolperte der Trapper Joseph Lafayette Meek in eine Landschaft, wie er sie zuvor noch nie gesehen hatte. Der Boden war vom Dampf heißer Quellen vernebelt, Gasflammen brannten über kleinen Kratern mit zischenden Geräuschen. Brodelnde Schlammbecken und speiende Geysire erzeugten urplötzlich Dampffontänen über der Schneelandschaft. Die Wärme war dem frierenden Trapper willkommen, während die bizarre Landschaft ihn an die Hölle selbst erinnerte. Seit Jahren streifte Meek durch die Berge und lebte vom Fallenstellen. Nun war er einer der ersten Ameri-

Der 1871 gegründete Yellowstone Nationalpark liegt beinahe vollständig in Wyoming, nur kleine Teile erstrecken sich nach Idaho und Montana. Im Herzen des Parks befindet sich der »Grand Canyon of the Yellowstone« mit den abgebildeten Wasserfällen, den Lower Falls.

Der Yellowstone Nationalpark ist vor allem bekannt durch seine Geysire und seine geothermischen Quellen und beherbergt ein einzigartiges Ökosystem. 1978 wurde er zum Weltkulturerbe erklärt.

kaner, die durch das Yellowstone Plateau streifen, das die Schoschonen bereits seit 12 000 Jahren als heiligen Ort verehrten. Etwa 20 Jahre vor Meek war der Trapper John Colter in das Gebiet geraten. Seine Berichte stießen allerdings im Osten auf wenig Gehör. Ebenso erging es Jim Bridger, einem der bekanntesten Pelzjäger. Er durchwanderte das Yellowstone-Plateau im Jahre 1857. Auch seine Berichte wurden weitgehend ignoriert, da er für seine Übertreibungen bekannt war.

Eine Person jedoch interessierte sich für Bridgers Beschreibungen: Der Geologe Ferdinand Vandeveer Hayden. 1859 stattete er eine Expedition aus, die allerdings aufgrund des harten Winters ihre Entdeckungsreise abbrechen musste. Nach dem Bürgerkrieg kam es erneut zu einer Forschungsreise an den Yellowstone. Doch die Folsom-Expedition von 1869 fand ebenso wenig Gehör wie die meisten ihrer Vorgänger. Wieder im Osten angekommen wirkten die Aufzeichnungen der Expeditionsteilnehmer so unglaubwürdig und übertrieben, dass sich lediglich eine einzige Zeitung für sie interessierte. Der Rest lehnte den Druck der Reiseberichte strikt ab. Lediglich der ehemalige Kongressabgeordnete und spätere Generalinspektor von Montana Henry Dana Washburn zeigte für die Beschreibungen der Folsom-Expedition wirkliches Interesse. Nachdem er selbst mit einer Gruppe 1870 in das Yellowstone-Gebiet gereist war, gelang es ihm, den Geologen Ferdinand V. Hayden zu überzeugen, abermals eine Forschungsreise in diese außergewöhnliche Landschaft zu unternehmen. Hayden und Washburn hatten von ihren Vorgängern gelernt und waren entschlossen, dieses Mal die Menschen an der Ostküste von der Schönheit des bizarren Landes zu überzeugen. Daher nahmen sie den Maler Thomas Moran sowie den Fotografen William Henry Jackson mit sich. Als sie wieder zurück im Osten waren, überzeugten Morans Bilder und Jacksons Fotografien schnell die Öffentlichkeit. Die begeisterten Schilderungen der Expedition fanden sogar ihren Weg in den Kongress in Washington, wo nun eine Debatte über den Umgang mit der Schönheit der Natur und im Speziellen mit dem Yellowstone-Plateau begann. Die Berichte der Expedition beeindruckten die Abgeordneten so sehr, dass sie 1872 ein Gesetz erließen, welches das Yellowstone-Gebiet für immer vor einer Zerstörung durch Goldgräber und Minenarbeiter schützen sollte. Präsident Ulysses S. Grant unterschrieb es am 1. März 1872 und gründete somit den weltweit ersten Nationalpark.

Auch in der Öffentlichkeit verbreitete sich allmählich ein Bewusstsein dafür, dass die Natur des

Westens geschützt werden musste. Zu rücksichtslos waren Bergleute, Goldsucher und Siedler in die Natur vorgedrungen, hatten die Wälder gerodet, die Tiere verdrängt und Luft und Wasser verschmutzt. Besonders einflussreich waren die Veröffentlichungen der Transzendentalisten, einer Bewegung Henry David Thoreaus und seines Lehrers Ralph Waldo Emerson, die eine Hinwendung zur Natur forderte. Thoreau hatte bereits 1854 seine Schrift »Walden oder Leben in den Wäldern« veröffentlicht, in der er seinen Selbstversuch, in Einklang mit der Natur und ohne die Annehmlichkeiten des Fortschritts zu leben, beschrieb. »Walden« wurde zu einem amerikanischen Literaturklassiker und beeinflusste Generationen.

Gegen Ende des 19. Jahrhunderts hatten sich zwei große Strömungen unter den Naturschützern herausgebildet: Das Conservation Movement und die Preservationalists. Während das Conservation Movement die Schonung und sinnvolle Nutzung der Natur forderte, betrachteten die Preservationalists den Mensch als Eindringling in die Natur. Sie sollte deshalb vor dem Menschen bewahrt werden, der in keiner Weise in ihre Wege eingreifen dürfe. Der berühmteste Anhänger dieser Strömung war der schottische Einwanderer John Muir. Er war von der kalifornischen Sierra Nevada und im Besonderen vom Yosemite Tal tief beeindruckt, wo er zeitweise als Schafhirte lebte. Muir gründete die Umweltorganisation Sierra Club und setzte sich für den Erhalt des Yosemite-Tals ein. Er wollte vor allem eine Überweidung des Grünlandes durch Schafhaltung, die Rodung der Mammutbäume und weitere Schädigungen der Natur verhindern. Muir überzeugte in der Folge prominente Persönlichkeiten von der Wichtigkeit seiner Idee. Schließlich erreichte er beim Kongress, dass die Gegend unter staatlichen Schutz gestellt und am 1. Oktober 1890 der Yosemite-Nationalpark offiziell gegründet wurde. Allerdings blieb der Park unter der Verwaltung des Staates Kalifornien. Muir hatte gefordert, dass der Park einer Bundesorganisation, die sich um alle Nationalparks der USA kümmern sollte, unterstellt sein müsse, nur so sei ein nachhaltiger Naturschutz möglich. Durch seine große Ausdauer hatte er schließlich Erfolg. Präsident Theodore Roosevelt vollzog 1903 den Schulterschluss mit Muir und schlug zusammen mit ihm ein Lager im Yosemite-Park auf. In den langen Gesprächen gelang es Muir schließlich, den Präsidenten von der Wichtigkeit seines Anliegens zu überzeugen, und die Verwaltung des Parks wurde im Jahre 1906 der Bundesregierung unterstellt.

Theodore Roosevelt war von 1901 bis 1909 der 26. Präsident der Vereinigten Staaten. Er wurde 1858 in New York geboren, doch mit 26 Jahren zog es ihn in den Westen, und er kaufte eine Ranch im Dakota Territorium. Dort lebte Roosevelt drei Jahre lang das Leben eines Cowboys, lernte zu reiten, zu jagen und Kühe zu treiben. Seine Erfahrungen im Westen schrieb er in zwei Büchern nieder: »Hunting Trips of a Ranchman« (1885) und »Ranch Life and the Hunting Trail« (1888). Als 1898 der Krieg mit Spanien ausbrach, stellte er ein eigenes Regiment aus befreundeten Cowboys auf und integrierte es in das 1. US Volunteer Cavalary Regiment. Als Kriegsheld genoss er bald landesweiten Ruhm, was ihm schließlich 1900 die Wahl zum Vizepräsidenten einbrachte. Als ein Jahr später Präsident William McKinley einem Attentat erlag, wurde er mit 42 Jahren der jüngste Präsident der USA. In der Presse wurde nun schnell verbreitet, dass ein Cowboy Präsident der Vereinigten Staaten sei. Seine Kritiker befürchteten, dass er – wie ein echter Cowboy – rücksichtslos und dominant vorgehen würde. Die Mehrheit des amerikanischen Volkes aber empfand die Cowboy-Attitude als belebend und glaubwürdig. Schließlich wurde er zum Sinnbild der Dynamik der Vereinigten Staaten zu Beginn des 20. Jahrhunderts. Keiner von Roosevelts Nachfolgern im Amt des Präsidenten besaß eine solche Lebensgeschichte noch das Charisma, die sie zu wirklichen »Cowboy-Präsidenten« gemacht hätten. Dennoch bemühten viele Präsidenten wie Präsidentschaftskandidaten das Bild des Cowboys, um Entschlossenheit und Vitalität zu demonstrieren. Roosevelt machte den Cowboy zu einer politischen Metapher, die sich durch die Feder der Journalisten verselbstständigte.

Der Oklahoma Land Rush

Seit der Vertreibung der Five Civilized Nations in den 1830er Jahren aus ihren angestammten Gebieten im Osten, war ihre neue Heimat, das Indianer-Territorium westlich des Mississippi, das spätere Oklahoma, nur für Indianer bestimmt. Aber wieder einmal zeigte sich, dass die Verträge, die die Indianer mit der amerikanischen Regierung geschlossen hatten, ausgehöhlt wurden und nur von kurzer Dauer waren. Zuerst mussten die Five Civilized Nations Teile ihres neuen Gebietes an andere Stämme abgeben, die mittlerweile auch vertrieben und in das Reservat gebracht worden waren. Das Reservat wurde zu einem – für das indianische Leben völlig übervölkerten – Ghetto unterschiedlichster Lebensweisen und Traditionen. Noch bis 1880 war es Siedlern verboten, sich im Indianer-Territorium niederzulassen. Nachdem das meiste Land des Westens verteilt worden war, begannen einige landgierige Siedler und Agenten jedoch, die Grenze zum Indianer-Territorium zu überschreiten.

Im Zuge des Eisenbahnbaus drangen nun viele Siedler immer weiter in das eigentlich für die Indianer reservierte Gebiet vor. Der Fund von Bodenschätzen, allen voran Kohle, erhöhte das Interesse am Land des Indianer-Territoriums und schürte die Landgier vieler Spekulanten. Zwischen 1879 und 1885 unternahmen organisierte Einwanderungs- und Siedlungsgruppen mehrfach den Versuch, sich im besonders fruchtbaren Landesinneren des Territoriums niederzulassen. Die US-Army schritt ein, hatte aber große Mühe, die Siedler wieder aus dem Gebiet zu vertreiben, da sie sich schlichtweg weigerten. Allerdings bedeutete die unerlaubte Besiedlung des Indianerlandes einen Vertragsbruch der amerikanischen Regierung. In Washington versuchten daher verschiedene Lobbyisten, die Regierung dazu zu bewegen, die Verträge mit den Indianern aufzulösen. Die Regierung verhandelte daraufhin gleichzeitig mit den Muskogee und Seminolen, die 1889 auf etwa zwei Millionen Morgen ihres Landes verzichteten. Am 23. März verkündete der gerade gewählte Präsident Benjamin Harrison (Präsident von 1889 bis 1893), dass »überschüssiges Indianerland« besiedelt werden konnte: »Ein Teil des Gebiets soll für nicht-eingeborene Siedler zur Besiedlung freigegeben werden.« Diese Erklärung trat am 22. April 1889 in Kraft.

Die Nachricht verbreitete sich wie ein Lauffeuer, denn es gab nur noch wenig freies, unbesiedeltes Land. Angesichts der großen Nachfrage entschied sich die Regierung, das letzte freie Land in einem Wettlauf zu verteilen. Bis zu jenem 22. April ver-

Nach dem Landrush entstand überall in den provisorisch errichteten Zelten der Anfang einer modernen Infrastruktur.

Am 22. April 1889 um 12 Uhr mittags ereignete ein außergewöhnlicher Wettlauf in der Geschichte des Westens. Zu diesem Zeitpunkt fiel der Startschuss für den Oklahoma Land Rush, bei dem sich die schnellsten Siedler die besten Landparzellen sichern konnten.

sammelten sich über 50 000 Menschen an der Grenze zum Indianer-Territorium. Um Punkt 12 Uhr mittags erfolgte ein Startschuss, und das Wettrennen der landhungrigen Siedler um ein möglichst gutes Stück Land begann. Jeder Neusiedler konnte bis zu 160 Morgen Land erwerben – nach dem Prinzip: »Wer zuerst das Land für sich in Besitz nimmt, dem soll es gehören.« Tausende Menschen stürzten nach dem Kanonenschuss überfallartig in das Gebiet. Sie kämpften sich zu Fuß, zu Pferde oder gar mit einem Planwagen durch Oklahoma und versuchten ein Stück Holz in die Mitte der zuvor abgesteckten Landstücke zu schlagen, um so ihre Besitzname zu kennzeichnen. War dieses Gebiet vor wenigen Tagen noch Indianer-Territorium gewesen, so wurde es über Nacht zu Oklahoma. In kürzester Zeit entstanden Häuser, Siedlungen, ganze Städte. Die Zeitung Harper's Weekly schrieb: »Die letzte Barriere der Wildnis in den USA war gefallen. Getrieben vom gleichen Ziel peitschten die Kutscher ihre Pferde. Jeder Unberittene holte tief Luft und marschierte los.« Am Abend des 22. April war das ganze Land bereits vergeben.

In den neuen Städten und Gemeinden begann am Morgen des 23. April 1889 bereits der Alltag. In Guthrie stand die Wahl des neuen Bürgermeisters auf dem Programm. Zwei Männer kandidierten. Da es keine Wählerlisten gab, sollten sich alle Wähler in zwei Reihen stellen und nacheinander abstimmen. Die Wahl endete im Chaos, da sich viele der Wähler wieder hinten in der Schlange anstellten und abermals abstimmten. Schließlich musste die ganze Wahl wiederholt werden. Rechtsanwälte eröffneten Kanzleien, die lediglich aus einem Tisch bestanden, der in der freien Wildnis stand. Drei Männer gründeten eine Bank, und da sie keinerlei Ausstattung für eine solche besaßen, steckten sie das Geld in einen Ofen. Doch schon bald konnte man die Anfänge der ersten Gebäude und zukünftigen Straßen erkennen. Nach einem Monat gab es dann in Guthrie bereits ein Hotel, mehrere Läden, drei Zeitungen und 50 Saloons.

Diesem Land Run folgten 1891 und 1906 noch weitere solcher Wettbewerbe. Das neu besiedelte Land wurde jeweils dem Oklahoma-Territorium zugeschlagen, das neben dem Indianer-Territorium entstand. In den folgenden Jahren wurde mehrfach versucht, einen Teil als Staat zu organisieren, bis am 16. November 1907 das Oklahoma-Territorium gemeinsam mit dem Indianer-Territorium als 46. Bundesstaat unter dem Namen Oklahoma der Union der Vereinigten Staaten beitrat. Der Name Oklahoma entstammt der Choctaw-Sprache und bedeutet eigentlich »Land des Roten Mannes«.

Das Leben im Wilden Westen

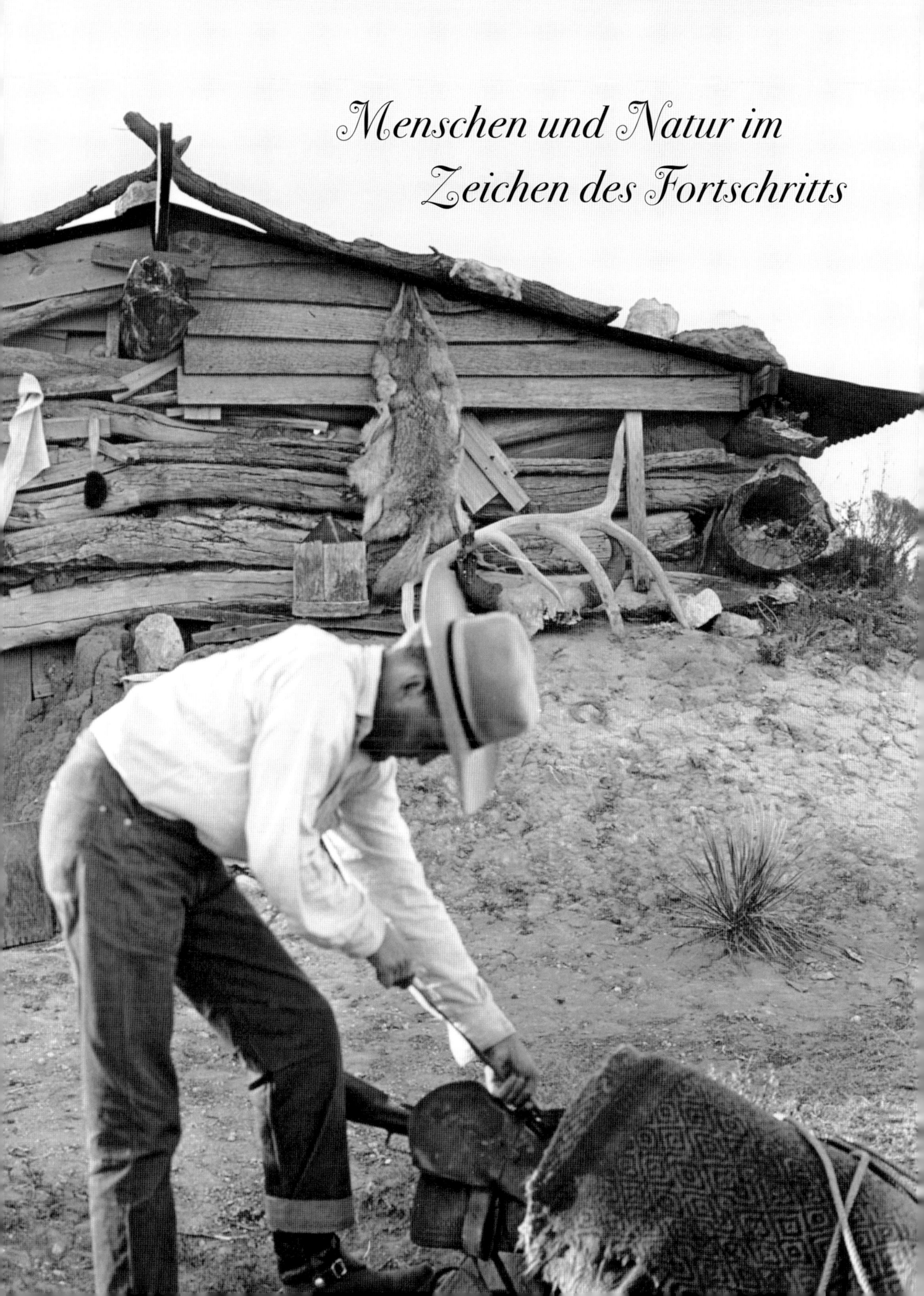

Menschen und Natur im
Zeichen des Fortschritts

Cowboys, Minen und Geisterstädte

Wandel in Natur und Wirtschaft

Die unbekannte und schöne Wildnis änderte schnell ihr Gesicht. Aus der idyllischen Kulisse von Freiheit und Abenteuer wurde innerhalb weniger Jahrzehnte eine »zivilisierte« und industrialisierte Region. Viele Landstriche, die zu Beginn des 19. Jahrhunderts noch den unbekannten Westen symbolisierten, glichen 50 Jahre später bereits den urbanen Regionen der Ostküste. Die Naturschönheiten des Westens bestanden zwar fort und erregten auch weiterhin die Neugierde vieler Abenteurer, doch verloren sie nach und nach ihre geheimnisvolle Aura. Wurden zu Beginn des 19. Jahrhunderts Beschreibungen des Yellowstone Gebiets als Übertreibungen und Lügenmärchen abgetan, so gab es nun Fotografien, also Beweise, die die Schönheit der Natur zeigten. Gegen Ende des 19. Jahrhunderts wusste man durch die vielen Berichte in den Zeitungen, wie es im Westen aussah, ohne jemals dorthin gereist zu sein. Der Mythos war entzaubert, die Faszination aber ungebrochen.

Der Bau der transkontinentalen Eisenbahn katapultierte den Westen in das Zeitalter der Industrialisierung. Der Wilde Westen war nun nicht mehr nur ein Ort voller Romantik, Abenteuer und unentdeckten Naturschönheiten. Bei reichen Investoren wuchs das Interesse an den Regionen, und sie sahen im Wilden Westen vor allem Reichtum und Fortschritt. Die Zeit der Trapper und Entdecker war definitiv vorbei. Der Westen war kartografiert, verkehrstechnisch erschlossen und besiedelt. Mit der Eisenbahn kam die Industrie, denn der Westen war reich an Bodenschätzen. Nun war es möglich, Silber, Gold, Kupfer und Kohle aufzuspüren und abzubauen. Berge, Täler und Ebenen wurden zerstört und die

Rückstände der Industrie in den Weiten der Landschaft zurückgelassen. Erlosch eine Mine, zog die gesamte Industrie kurzerhand weiter und begann erneut.

Neben den Bodenschätzen bestimmte ein weiterer Faktor den Fortschritt und die Wirtschaft: die Rinderzucht. Im Osten gab es großen Bedarf an Nahrungsmitteln, und im Westen zogen Millionen Rinder über die Ebenen. Um das Angebot mit der Nachfrage zu verbinden, bot sich die Eisenbahn an. Die ehemals spanisch-mexikanische Tradition der Viehzucht entwickelte sich durch die neuen Transportmöglichkeiten zu einem Big Business, Rinderzüchter wurden zu Großranchern. Cowboys übernahmen die Aufgabe, die Herden zu den Verladestationen der Eisenbahnlinien zu treiben, damit sie so in die Metropolen des Ostens transportiert werden konnten.

In den letzten Jahrzehnten des 19. Jahrhunderts wandelte sich der Wilde Westen mit noch größerer Geschwindigkeit und erlebte eine gewaltige Transformation: Aus wilden Büffelherden wurden Rinderherden, aus Mustangs gezähmte Pferde. Über die Prärien ritten nun Cowboys und nicht mehr Indianer. Der stampfende Rhythmus der Eisenbahn war überall zu hören. Die Einwanderer gingen keineswegs so respektvoll mit der Natur und ihren Ressourcen um wie die Ureinwohner, bei denen diese Haltung in ihrer Religion verankert war. Deshalb musste die Natur per Gesetz unter Schutz gestellt werden. Der Traum, als Goldgräber zu einem Leben in Wohlstand und Luxus zu kommen, zerplatzte und verwandelte sich in den Alptraum, als Minenarbeiter für ein großes Unternehmen unter Tage schuften zu müssen.

Goldgräber und Glücksritter

Der kalifornische Goldrausch brachte zu Beginn der 1850er Jahre einen beispiellosen Reichtum mit sich. Allein im Jahr 1852 erwirtschafteten kalifornische Minen 81 Millionen Dollar. Zudem verwirklichte sich die Absicht der Regierung, und Kalifornien wurde schnell von Amerikanern besiedelt. San Francisco wuchs von einem kleinen Dorf zur großen Metropole und Handelsstadt des Westens. Gold und Geld kursierten in Massen. Doch in der schnell aus dem Boden gestampften Stadt wuchs auch die Kriminalität. Je größer und geschäftiger ein Goldgräberlager oder eine Goldgräberstadt war, desto gefährlicher war es dort auf den Straßen. In San Francisco, dem Zentrum des Goldrausches, war es besonders gefährlich, auch wenn die Stadt weit weg von den eigentlichen Goldadern lag.

Weiter östlich in den Bergen der Sierra Nevada schürften die Glücksritter. In den 1850er Jahren gab es jedoch noch keinen Bergbau. Die Goldsucher versuchten mit einer Pfanne »Gold zu waschen«. Das heißt, dass sie aus dem Flussbett Sand in eine Blechpfanne schaufelten und diese so lange unter fließendem Wasser schwenkten, bis die Erde und der Schlamm vollständig weggespült waren. Da

Mit Pfannen wurde der Schlamm der Flussbetten gewaschen, bis kleine metallene Rückstände sichtbar wurden: Goldnuggets.

Nachdem die Goldsucher die Flüsse nach ihrem Glück durchkämmt hatten, begannen einige mit dem Bergbau. Bald überzogen Silber- und Goldminen die Landschaft des Westens.

In den Goldgräbercamps herrschte am Abend oftmals eine ausgelassene Stimmung. Schnell waren die wenigen Funde des Tages verprasst, und die Saloonbesitzer profitierten mehr vom Goldrausch als die eigentlichen Goldgräber.

Gold schwerer war als Schlamm, blieb, wenn sie Glück hatten, in der Pfanne ein begehrtes Goldnugget oder zumindest Goldstaub zurück. Mit dieser Methode schafften es die Goldgräber, mitunter bis zu 20 Dollar am Tag zu erwirtschaften. Später versuchten es die Glücksritter auch mit Waschrinnen, kleinen schmalen Holztrögen, mit denen sie in der gleichen Zeit mehr Schlamm durcharbeiten konnten als mit den Pfannen. Wichtig war, dass sie, bevor sie zu schürfen begannen, einen »claim« absteckten, ein Stück Boden, das sie dann für sich beanspruchen konnten.

Nicht weit von den »claims« bildeten sich Goldgräbercamps, in denen die meisten Glücksritter ihr Zelt aufschlugen oder sich eine Bretterbude zimmerten. Alles war improvisiert, und alle waren stets

drauf vorbereitet, in Kürze in eine andere Gegend zu ziehen, wenn sich dort eine neue Goldader auftat. Schnell entstanden in den Camps auch kleine Saloons, die ebenfalls nur notdürftig in aller Eile aufgebaut waren. Im Zentrum befand sich immer ein großer Laden, der Drugstore. Der Besitzer verkaufte den Goldgräbern alles, was sie benötigten: Pfannen und Schaufeln, Hemden, Hosen, Lebensmittel und Alkohol. Da es häufig so war, dass es pro Goldgräbercamp nur einen Laden gab, diktierte der Besitzer die Preise. Bezahlt wurde meist nicht in Dollar, sondern mit dem, was sie fanden: Gold. Sie brachten ihre Nuggets mit in den Laden, wo diese gewogen und bewertet wurden. Viele der Ladenbesitzer machten so ein besseres Geschäft mit dem Goldrausch als die Goldsucher selbst, die besessen

So schnell wie einige Städte errichtet worden waren, so schnell wurden sie auch von ihren Bewohnern wieder verlassen. Sie wurden zu Geisterstädten und oftmals rollten nur noch einige Büsche Tumbleweed durch die Straßen.

von dem Gedanken Gold zu finden, keine Zeit hatten, selbst auf die Jagd zu gehen oder etwas anzubauen. Sie tauschten ihr Gold gegen Nahrungsmittel.

Am Abend und am Wochenende amüsierten sich die Goldgräber in den Saloons und feierten, als ob es kein Morgen gäbe. Sie pokerten mit hohen Einsätzen, vergnügten sich mit Prostituierten und tranken jede Menge Alkohol. Die meisten von ihnen brachten so ihr ganzes Gold durch, denn sie waren überzeugt, dass sie am nächsten Tag auf eine neue Ader stoßen würden. Doch dieser Eindruck täuschte meist. Bald mussten viele Goldsucher einsehen, dass nur die wenigsten unter ihnen wirklich reich wurden. Missgunst und Neid machte die Runde. Manche Goldsucher gingen so weit, dass sie in

ihrer Verzweiflung und Geldgier andere, erfolgreichere Glücksritter ausraubten oder gar töteten.

War eine Mine ergiebig und lohnte sich die Goldsuche, dann entwickelten sich aus den Zelten und Buden Häuser, aus dem Camp ein kleine Stadt. Die Goldsucher entschieden gemeinsam, wo Häuser entstehen und wo Straßen verlaufen sollten. Schien der Ort vielversprechend, gesellten sich zum Saloon und zum Drugstore weitere Saloonbesitzer und Händler, die ersten Banken eröffneten, und eine Kirche wurde gebaut.

Innerhalb weniger Wochen wurde so eine neue Stadt inmitten der Wildnis aus dem Boden gestampft. Doch viele Städte waren nur von kurzer Dauer. So schnell sie entstanden waren sie auch schon wieder verlassen. Blieben die erhofften Goldfunde aus oder machte ein Gerücht die Runde, dass es in einer anderen Gegend lukrativer sein könnte, verließen die Menschen überstürzt die Stadt, in der sie gerade heimisch geworden waren, und zogen weiter. Übrig blieben verlassene Holzbuden und Häuser sowie Minenschächte, Mühlanlagen und Bohrlöcher. Langsam verfielen die Gebäude und die Natur eroberte sich das Terrain zurück. Diese Geisterstädte boten ein Bild der Trauer und Vergänglichkeit. Wo vor kurzer Zeit noch reges Treiben herrschte, war nun kein menschlicher Laut mehr zu hören. Lediglich der Wind pfiff durch die Reste der Stadt.

Bis in die 1860er Jahre hinein herrschte diese individuelle Art der Goldsuche vor, dann aber änderte sich der Abbau von Bodenschätzen grundlegend. Investoren aus dem Osten gründeten große Unternehmen, die nun die Goldgräber anstellten. Aus den Glücksrittern wurden Minenarbeiter, die nicht mehr dem eigenen Glück hinterherjagten,

sondern unter Tage für ihren Lohn schufteten. Als ein dänischer Journalist für eine Kopenhagener Zeitung den Westen in den 1860er Jahren bereiste, berichtete er: »Wenn wir von einem Goldgräber sprechen, dann meinen wir eine Art König Midas, der einfach nur seinen Spaten in die Erde rammen muss, um Gold zu finden. Aber hier ist es nicht so. Ein Goldgräber ist ein gewöhnlicher Bergmann, ein Arbeiter eines Unternehmens.«

Rohstoffe und Bergbau

Die Minenstadt Butte in Montana blühte in den 1860er Jahren auf, als man dort Gold fand. Nachdem die Goldhysterie sich gelegt hatte, wurde in den 1870er Jahren Silber entdeckt, was einen neuen Rausch auslöste und zum abermaligen Aufschwung der Stadt führte. Doch Gold und Silber verblassten gewissermaßen gegenüber dem Fund von 1881, der

Mit Schaufel, Harke und einem Transportesel ging es vielerorts unter Tage. Die ehemaligen Glücksritter wurden zu Minenarbeitern und arbeiteten nicht selten für einen Großinvestor aus dem Osten.

alles Bisherige übertraf. Die Bergleute fanden in hundert Metern Tiefe Kupfer. Bald stellte sich heraus, dass es sich hier um das bis dahin größte Kupfervorkommen der Welt handelte. Damit hatte die Stadt einen unermesslichen Schatz, denn im Osten war längst das elektrische Zeitalter angebrochen, und Kupfer wurde zu einem begehrten Material für die Verdrahtung. Die Verantwortlichen begannen sofort, das Kupfer abzubauen und konnten nahezu eine Million Dollar pro Monat erwirtschaften. Butte wurde als »reichste Stadt der Welt« bekannt und ihre Bewohner waren stolz darauf, auf dem wertvollsten Hügel der Welt zu leben.

Schnell verwandelte sich die Stadt in eine Industrieregion, wie man sie in dieser Zeit eigentlich nur an der Ostküste vorfand. Hier kamen die unterschiedlichsten Menschen zusammen. Die meisten Bergleute waren Iren, viele kamen aber auch aus Finnland, Schweden und Mexiko, insgesamt waren 38 Nationalitäten vertreten. Dies hatte zur Folge, dass die Beschilderungen in den Minen in 14 verschiedenen Sprachen verfasst wurden. Rund um die Uhr waren Arbeiter in den Minen. In ihrer Freizeit vergnügten sie sich in den unzähligen Saloons der Stadt, betranken sich, spielten Karten und tanzten bis in den Morgen.

Doch der Aufschwung hatte auch seine Schattenseiten. Viele Bergleute starben bei Stolleneinbrüchen, erkrankten an Lungenentzündung oder Tuberkulose oder erlagen ihrer Staublunge. Die Wälder um Butte wurden abgeholzt und in den Schmelzöfen verfeuert. Was übrig blieb, war eine karge, öde Landschaft. Die Schmelzöfen hüllten die Stadt in dichten Qualm und verschmutzten die Luft. Wenn der Wind den Rauch nicht vertrieb, war es mitunter schon zu Mittag dunkel über der Stadt.

So wie Butte erging es vielen Städten im Westen. Der Infrastrukturausbau förderte den Abbau von Bodenschätzen in Kalifornien, Idaho, Nevada, Utah, Montana, Colorado, New Mexico und Arizona. Vorkommen an Silber, Gold, Blei, Zink und Kupfer führten zu einer häufig sehr kurzlebigen Blüte einzelner Städte. Die Ausbeutung der Bodenschätze erforderte einen hohen Einsatz von Kapital, der von reichen Investoren aus dem Osten aufgebracht wurde. Sie hatten aber nur die Umsätze und ihren Gewinn im Auge, der Wert der Natur und deren Erhalt kümmerte sie nur wenig. Für den Bergbau wurden weitere neue Technologien entwickelt, die die Umwelt noch stärker belasteten und ihre Zerstörung vorantrieben: die hydraulische Förderung, der Tagebau und die Verwendung von Quecksilber zur Gewinnung von Edelmetallen.

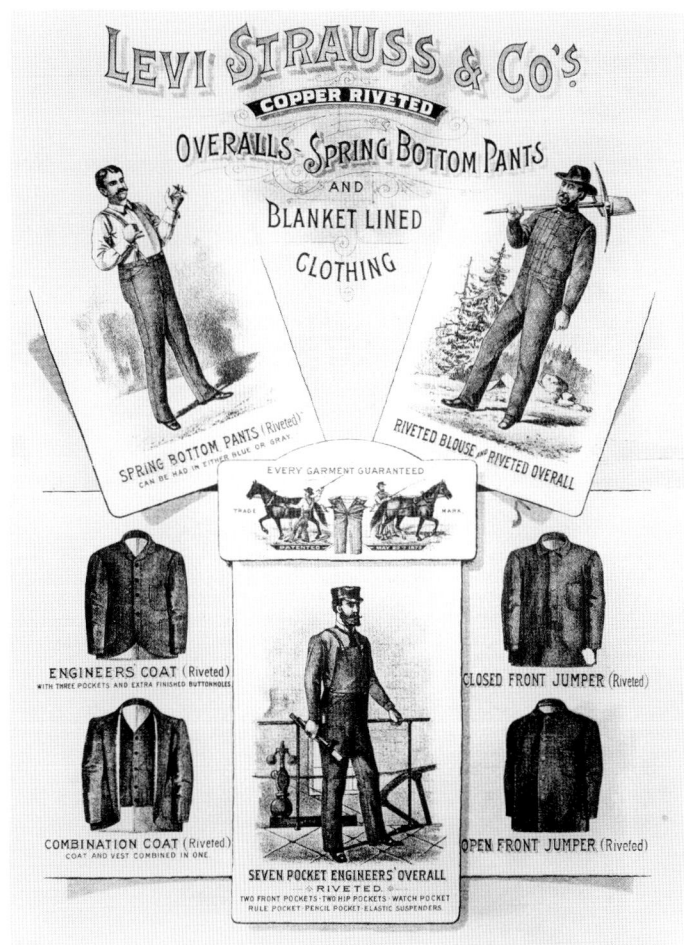

Schon im 19. Jahrhundert machte die Firma Levi's mit einer umfassenden Werbung auf sich aufmerksam. Die Jeans des deutschen Einwanderers Levi Strauss wurde schnell zur beliebtesten Gebrauchskleidung im Westen Nordamerikas – nicht zuletzt weil die neuartigen Hosen äußerst robust waren.

Die Cowboys

Der Cowboy ist das wohl gängigste Symbol für den Wilden Westen. Wortkarg, cool, lässig und hart dominiert er die freie Natur. Er sitzt hoch zu Pferde und wacht über seine Rinderherde.

Während des 19. Jahrhunderts spielten die Cowboys bei der Erschließung des amerikanischen Westens eine bedeutende Rolle, dennoch war ihr Ruf nicht ohne Makel. Ihr Colt saß meist locker, schnell ließen sie sich in Schießereien verwickeln oder kämpften für die Rinderbarone in den Weidekriegen. Doch mit Beginn des 20. Jahrhunderts verbesserte sich ihr Bild in der Öffentlichkeit. Die Groschenromane und die aufkommende Filmindustrie machten den Cowboy berühmt und verän-

Über Jahrzehnte war dies der Traum vieler Jugendlicher und
Westernliebhaber: Einmal als Cowboy über die Prärien reiten ...

derten sein Image von einem gewalttätigen Out-law zu einem hart arbeitenden, auf sich selbst ver-trauenden Mann des Volkes. Vor allem Präsident Theodore Roosevelt (Präsident von 1901 bis 1909) spielte mit diesem Image, indem er sich selbst so darstellte. Schritt für Schritt wurde der Cowboy zu einer amerikanischen Ikone. Nach Roosevelt griffen viele amerikanische Präsidenten auf das Bild des Cowboys als ehrlichen Mann des Volkes zurück, der Mut, Standfestigkeit und Freiheitsliebe in sich vereint. Sie traten zu bestimmten Anlässen mit Cowboyhut in der Öffentlichkeit auf, um diese

Kein Gegenstand symbo-lisiert den Wilden Westen mehr als der Cowboyhut. Noch bis heute wird er von Schauspielern, Musikern und Politikern getragen, um sich mit den Werten der Cowboys zu schmü-cken.

Im Amerikanischen Bürgerkrieg war das sogenannte Henry-Gewehr die am weitesten verbreitete Waffe. Benjamin Tyler Henry hatte dieses Repetiergewehr 1860 erfun-den und ließ es patentieren. Hergestellt und vertrieben wurde die Waffe von der New Haven Arms Company. Als das Unternehmen 1866 in Winchester Repeating Arms Company umbenannt wurde, entwickelte es auch Gewehre, die unter dem Markennamen Winchester verkauft wurden. Das Modell **Winchester 73** – die Zahl kennzeichnet das Jahr der Einführung – war auf Zentralfeuerpatronen abgestimmt und hatte bald den Ruf, »den Wilden Westen erobert« zu haben. Aufgrund seiner soliden Verarbeitung verfügte es über eine präzise Schusstechnik. Im Wilden Westen verbreitete sich das Gewehr schnell und bescherte dem Unternehmen großen finanziellen Erfolg. Cowboys, Banditen, Kundschaf-ter, Soldaten und Indianer gebrauchten die Winchester 73, die noch einen weiteren Vor-teil hatte: Sie verwendete die gleichen Patronen wie die gängigsten Revolver im Westen. So musste man nur eine Patronensorte dabei haben.

Tugenden zu suggerieren. Nichtsdestotrotz verschwanden die negativen Assoziationen nie völlig. Für die politischen Gegner der »Cowboy-Diplomatie« stand der Cowboyhut für jugendlichen Leichtsinn, Rücksichtslosigkeit und Gefahr. Als Ronald Reagan 1981 das Amt des amerikanischen Präsidenten antrat, überrollte eine Welle der Cowboy-Begeisterung die USA. Reagan, der selbst in über 40 Filmen den guten und ehrlichen Cowboy gegeben hatte, nutzte dieses Image, das zugleich für seine Gegner eine besondere Zielscheibe war.

Die Realität der Cowboys sah allerdings weit anders aus als in den meisten Büchern und Filmen dargestellt. Cowboys waren größtenteils besitzlos, ihnen gehörte nur das, was sie mit ihren Pferden transportieren konnten. Selten legten sie sich neue Kleider zu und wenn, dann nur, nachdem sie ihre Viehherden in den Verladestädten abgeliefert hatten und sich dort einige Zeit vergnügten, bevor sie wieder zu den Farmen zurückkehrten. Ihr augenfälligstes Merkmal war der Cowboyhut, der sich aus dem Sombrero entwickelte, den die mexikanischen Cowboys trugen. Der Cowboyhut bestand aus einer breiten Krempe, die vor allem zum Schutz vor Regen und der brennenden Sonne diente. Doch die Hüte waren nicht immer dem extremen Klima auf den Weiden oder in den Bergen optimal angepasst und änderten schließlich ihre Form. Erst als John Stetson, ein Goldsucher aus Colorado, mit seinen Goldfunden ein Hutgeschäft eröffnete, verbreitete sich sein Modell, der Stetson, als typischer Cowboyhut.

Die bekannteste Hose der Cowboys war die Jeans, die von dem deutschen Einwanderer Levi Strauss zuerst hergestellt wurde. Strauss wurde im Jahre 1829 in Deutschland geboren und wanderte mit 18 Jahren nach Amerika aus. Während des Goldrausches in Kalifornien war er am Kurzwarengeschäft seines Schwagers beteiligt, entdeckte aber bald, dass die Goldsucher vor allem eines benötigten: strapazierfähige Kleidung. Aus braunem Segeltuch ließ Strauss robuste Hosen schneidern und fand seinerseits gewissermaßen eine Goldgrube. Schnell wurden seine Hosen bei Goldsuchern, Minenarbeitern und Cowboys beliebt. Die Jeans war erfunden.

Über ihren Jeans trugen die Cowboys die chaps, lederne Beinkleider, die sie vor allem vor den Hörnern der Rinder sowie vor Gestrüpp schützen sollten. Das teuerste Kleidungsstück waren jedoch seine Stiefel. Sie bedeuteten ihm so viel, dass viele Cowboys sie selbst zum Schlafen nicht auszogen. Im Laufe der Zeit wurden die »cowboyboots« ein Teil der Populärkultur und überdauerten die Jahr-

zehnte, ihre Ursprünge waren aber ganz praktischer Art. Die hohen Absätze verhinderten ein Abrutschen aus dem Steigbügel, die Stiefelspitzen ermöglichten dem Reiter, schnell und sicher in die Steigbügel zu kommen. Zudem trugen die Cowboys die für sie typischen Halstücher. Sie dienten vor allem denjenigen Reitern als Mundschutz, die hinter den Staub aufwirbelnden Herden reiten mussten.

Zu einem echten Cowboy gehörte darüber hinaus eine Reihe von Ausstattungsgegenständen, mit denen er seine Arbeit erledigte. Natürlich besaß jeder Cowboy ein Pferd, das stets sein treuer und in einigen Fällen sein einziger Begleiter war. Die Pferde waren von den Spaniern im 17. Jahrhundert nach Nordamerika gebracht worden. Von Mexiko aus verbreiteten sie sich dann in freier Wildbahn über den Kontinent. Das Zähmen und Einreiten dieser wilden Pferde, Mustangs genannt, war eine der Pflichten eines Cowboys. Aus dieser nicht ungefährlichen Tätigkeit entwickelte sich das amerikanische Rodeo, zu dem auch das Bullenreiten gezählt wird. Das Lasso war das wichtigste Arbeitsgerät eines Cowboys. Mit ihm konnte er aus vollem Ritt und aus einiger Entfernung entlaufende Kühe und Kälber einfangen. Das bei weitem teuerste Utensil war sein Sattel, der gut und gerne zehn Monatseinkünfte kostete. Allerdings hielten die Sättel in den meisten Fällen ein Leben lang.

Eine Aufgabe war das Brandmarken der Rinder. Noch als Kälber wurde das Vieh mit einem Brandzeichen versehen, das es eindeutig seinem Besitzer zuordnete. Dies wurde vor allem eingeführt, um den weit verbreiteten Viehdiebstahl einzudämmen. War das Brandzeichen eines Rinds nicht im Verzeichnis der Viehzüchtervereinigung eingetragen, wurde das Tier wie eines ohne Brandzeichen als »maverick« bezeichnet.

Der Lohn für die Tätigkeit der Cowboys war recht knapp bemessen. Zudem waren sie nicht fest angestellt und mussten sich nach jedem erfüllten Auftrag um einen neuen Job bemühen. Im Winter waren sie größtenteils ohne Arbeit. Daher begannen einige Cowboys selbst mit der Rinderzucht. Man bezeichnete sie als rustler. Die Rinderbarone fürchteten in ihnen eine Konkurrenz und setzten im Jahr 1884 über die Rinderzüchtervereinigung ein Verbot durch. Inspektoren sollten in jedem County die Cowboys überprüfen. Rechtlich wurden die rustlers mit Viehdieben gleichgesetzt. Doch der Wilde Westen war nicht der Ort, an dem sich Gesetze ohne weiteres durchsetzen ließen. De facto erhöhte sich die Anzahl der Vieh haltenden Cowboys danach sogar, und auch die Viehdiebstähle nahmen zu.

Rinderzucht

Der Westen war prädestiniert für die Rinderzucht. Denn wenn es im Westen an etwas zunächst nicht mangelte, dann war es weites und billiges Land. Zu Beginn des 19. Jahrhunderts verschoben sich die riesigen Farmen von den Staaten am Atlantik weiter nach Westen in die Gebiete von Indiana, Illinois und Missouri. Zudem gab es im ehemals mexikanischen Texas Millionen wilder Rinder, die sogenannten Longhorns, die von den Spaniern in die neue Welt gebracht worden waren und um 1690 über den Rio Grande nach Texas zogen. Als Texas von den USA annektiert wurde, bot der neue Staat auch wichtige Impulse für die Viehwirtschaft. Hatte bislang ein Absatzmarkt gefehlt, so war es den Rinderzüchtern schnell klar, dass die großen Städte an der Ostküste Bedarf an Fleisch hatten. Mit den Märkten im Osten entwickelte sich die Rinderzucht im Westen zum

Das texanische Longhorn entstand aus einer Kreuzung von spanischen und englischen Rindern. Die charakteristischen Hörner können eine Spannweite von bis zu zwei Metern erreichen.

Big Business und machte große Ranches erst rentabel. Schließlich löste der Bau der Eisenbahn einen wahren Boom in der Rinderzucht aus, der durch die Verbreitung der Konservendose, die bereits 1810 in England erfunden worden war, noch zusätzlich einen Aufschwung erlebte.

Vor allem Texas profitierte vom Eisenbahnwesen. Nach dem amerikanischen Bürgerkrieg stand der Staat durch seine hohen Kriegsschulden beinahe vor dem Bankrott. Viele Texaner kehrten 1865 nach dem verlorenen Bürgerkrieg in ihre Heimat zurück und begannen, die Viehzucht wiederzubeleben. Da sich während des Krieges kaum jemand um die Tiere gekümmert hatte, lebten sie verstreut über die Ebenen von Texas. Die erste Aufgabe der Kriegsheimkehrer bestand also darin, zusammen mit den Cowboys und Viehzüchtern aus Texas die Rinder einzufangen. Dann bauten die Texaner in den folgenden Jahren die Rinderzucht wieder auf. Als schließlich der Viehhändler Joseph G. McCoy 1871 die erste Viehverladestation für die Eisenbahn in Abeline, Kansas, einer 1857 gegründeten Posthaltestelle, einrichtete, begann die Zeit des großen Viehtreibens von Texas nach Kansas. Von Kansas aus brachte man die Rinder dann mit der Eisenbahn zum zentralen Viehmarkt nach Chicago, den Union Stockyards. In den Schlachthöfen wurden die Tiere zerlegt, und das Fleisch von Chicago entweder über den Mississippi und den Ohio River in die ländlichen Gebiete oder über den Eriesee und den Eriekanal nach New York und in die anderen großen Städte transportiert.

Schnell folgten weitere Orte dem Beispiel Abeline. Ellsworth, Newton, Wichita und schließlich die größte und bekannteste unter ihnen, Dodge City, richteten Verladebahnhöfe ein. Sie lagen am Ende der großen Cattle Trails: dem Chisholm Trail, dem Goodnight-Loving Trail und dem Western Trail. Bis 1900 waren etwa 35 000 Cowboys auf diesen Trails aktiv, und trieben die Herden, die gegen Ende des 19. Jahrhunderts eine durchschnittliche Größe von 3000 Rindern erreichten. In der Folge entwickelten sich die vormals kleinen Dörfer an den Verladebahnhöfen zu betriebsamen Städten, in denen sich im Spätsommer, wenn die Cowboys die Rinder in die Stadt brachten, für mehrere Wochen tausende Menschen aufhielten und Vergnügen und Unterhaltung suchten.

Doch zuvor mussten die Cowboys harte Arbeit leisten und den Cattle Trail von Texas nach Kansas bringen. Angeführt wurde ein Cattle Trail immer von einem Trailboss. Seine Aufgabe bestand zunächst darin, die Cowboys für den Herdenzug

Das Leben im Wilden Westen

Columbia River
Great Falls
Helena
Butte
Boise
Snake River
Central Pacific RR
Promatory Point
Salt Lake City
Union Pacific RR
Fort Laramie
Cheyenne
Carson City
Denver
Colorado
Santa Fé
Angeles
Phoenix
San Diego
zifischer Ozean

Goodnight-Loving Trail
Western Trail
Chisholm Trail
Sedalia Trail
transkontinentale Eisenbahn

0   100   200   300 km

Bismarck
Minneapolis
Mississippi
Michigan-see
Oberer See
Mackinac
Chicago
Des Moines
Indianapolis
Missouri
North Platte
Platte
Omaha
Ogallala
Abilene
Kansas City
Sedalia
Ellsworth
Topeka
St. Louis
Arkansas
Dodge City
Nashville
Oklahoma City
Memphis
Little Rock
Abilene
Dallas
Baton Rouge
Austin
Houston
New Orlear
Rio Grande
Golf von Mexiko

auszuwählen. Während des Trails unterstanden die Cowboys der Befehlsgewalt des Bosses, bis der Zug den Zielort an den Verladebahnhöfen erreicht hatte. Zudem benötigte der Boss noch ein oder zwei wrangler, die sich die ganze Zeit über um die Pferde der Cowboys kümmerten. Als letzte Person engagierte er einen Koch, der außer kochen auch schlachten, Holz sammeln, nähen, flicken und Haare schneiden sowie alle Arten von Reparaturarbeiten ausführen können musste. Er war sozusagen Mädchen für alles. Dem Koch stand ein Küchenwagen, der »chuck-wagon«, zur Verfügung. Ähnlich einem Planwagen war er mit einer Plane überspannt. Auf ihm wurden die unterschiedlichsten Geräte, Werkzeuge, Huf-

eisen, Waffen, Munition und Lebensmittel transportiert. Darüber hinaus beherbergte er die Küche des Trecks. Auf der Rückseite befand sich die »chuckbox«, in der Lebensmittel und das Geschirr aufbewahrt wurden. Sie war ausklappbar, so dass der Koch dort während einer Rast die Mahlzeiten zubereiten konnte.

Bevor der Treck losziehen konnte, mussten die Cowboys die Herde zusammentreiben. Hierfür wurden die Rinder von den unterschiedlichen Ranches zu einem zentralen Ort getrieben. Dort erhielten alle Tiere zur Kennzeichnung während des Trails ein neues Brandzeichen, mit dem der Trailboss in den Verladestationen den Besitz des Viehs nachweisen konnte. Im Frühjahr schließlich zog der Treck von Texas aus nach Norden. Voraus ritten die »point riders«, die den Kopf des Zuges markierten. Sie waren zugleich auch für die Orientierung und Einhaltung der Strecke verantwortlich. Unterstützt wurden sie von den »flank riders« an der Seite der Herde, die sich hauptsächlich um einzelne Ausreißer kümmern mussten, und von den »drag riders« am Ende des Zuges. Sie ritten im aufgewirbelten Staub und konnten sich nur helfen, indem sie sich die großen Halstücher über ihre Gesichter banden. Zunächst waren die Cowboys bemüht, eine große Strecke am Tag zu bewältigen, um die Rinder aus den unterschiedlichen Ställen und Herden an sich zu gewöhnen. Nach etwa 30 Meilen waren die Rinder am Abend ermüdet, und es bestand keine Gefahr der Unruhe. Später wurde die Strecke verkürzt.

Drei bis fünf Monate zogen die Cowboys so über die Prärien Nordamerikas, bis sie in den Rinderstädten mit den Verladebahnhöfen in Kansas eintrafen. Im Sommer herrschte in den Städten großer Betrieb, denn die vielen Viehtrecks kamen fast gleich-

zeitig an und tausende Rinder mussten verladen werden. Daher war es manchmal erforderlich, dass Herden vor den Städten warteten, bis die Güterwagen beladen und die vor ihnen angekommenen Herden abtransportiert waren. Wenn Sie ihre Herden abgeliefert hatten, blieben sie noch eine Weile in den Hotels und Saloons und amüsierten sich mit dem frisch verdienten Geld. Die Saloons hatten Hochkonjunktur, das Glückspiel und die Prostitution blühten auf. In den späten Sommermonaten glichen die Rinderstädte einer Vergnügungsmeile. Im Jahr 1870 gab es in Abilene 32 Saloons bei einer Einwohnerzahl von 500 Personen. Neben dem Vergnügungsmarkt etablierten sich auch zahlreiche Drugstores, die grundsätzlich alles verkauften, was die Cowboys für das nächste Jahr gebrauchen konnten: Waffen, Munition, Ausrüstungsgegenstände und Werkzeuge. Bevor die Cowboys wieder in den Süden nach Texas zurückkehrten, statteten sie sich in den Läden für die kommende Saison aus und ließen einen beträchtlichen Teil ihres Verdienstes in den boomenden Rinderstädten.

Wild Bill Hickok

James Butler Hickok wurde am 27. Mai 1837 geboren. Schon als Jugendlicher brach er in den Wilden Westen auf und diente er Army als Scout und Späher. Berüchtigt war er für seine kompromisslose Schießwütigkeit. Außerdem kleidete er sich trotz des rauen Lebens im Westen getreu der Mode der Ostküste: Über einer karierten Hose trug er stets eine Seidenweste. Manche berichten, dass er gar ein Korsett getragen habe, um seine Figur zu betonen. 1871 wurde Hickok Marshall der boomenden Rinderstadt Abilene, wo in den Sommermonaten unzählige Cowboys in der Stadt waren, um sich nach getaner Arbeit zu amüsieren. Während etwa

4000 Cowboys Herden mit insgesamt bis zu 600 000 Rindern in die Stadt trieben, befanden sich in deren Gefolge allerlei Banditen und Revolverhelden. Wild Bill Hickok setzte ein generelles Waffenverbot durch, und so gelang es ihm, die oft völlig überdrehte und hysterische Stimmung in der Stadt zu beruhigen. Später trat er in Buffalo Bills Westernshow auf und siedelte sich schließlich in Deadwood, South Dakota an. Hier ging er seiner Leidenschaft, dem Pokerspiel nach, bei dem er am 2. August 1876 von Jack McCall durch einen Schuss in den Rücken getötet wurde. Sein Blatt, zwei Asse und zwei Achten, ist seither bei Pokerspielern als »A dead man's hand« bekannt.

Der »chuckwagon« begleitete die Cowboys auf ihren Zügen über die Prärien. Außer zur Unterbringung von verschiedenen Alltagsgegenständen diente der »chuckwagon« vor allem als Küche.

Outlaws, Sheriffs und Saloons

Alltag an der Siedlungsgrenze

Die Siedler und Bewohner des Wilden Westens zeichneten sich durch ein ausgewogenes Selbstbewusstsein, einen unbeirrbaren Idealismus und große Schaffenskraft aus. Die meisten von ihnen hatten unter großen Strapazen den Kontinent durchquert und richteten ihren Blick stets in die Zukunft, wo ihre Anstrengungen Früchte tragen sollten. Aus dem Nichts heraus machten sie das Land urbar, bauten Städte sowie deren Infrastruktur in unwegsamen Gegenden und glaubten an ein besseres Leben frei von allen europäischen Restriktionen und weit weg von den etablierten Eliten der Oststaaten.

Ein Beispiel für dieses Selbstbewusstsein und den Idealismus findet sich in Bismarck, der heutigen Hauptstadt von North Dakota. Verglichen mit anderen Staaten wie Oregon und Kalifornien gab es dort keine fruchtbaren Ebenen und keinen Goldrausch. Daher wurde North Dakota erst spät, in der zweiten Hälfte des 19. Jahrhunderts, besiedelt. Antriebsfeder war der Bau der nördlichen Transkontinentalstrecke der Eisenbahn durch die Northern Pacific Railway. Im Jahr 1872 war die Stadt bereits mit dem Namen Edwinton gegründet worden, aber nur ein Jahr später wurde die Siedlung von der Northern Pacific Railway in Bismarck umbenannt. Die Eisenbahngesellschaft versprach sich davon, deutschstämmige Siedler in die Stadt locken zu können, und wählte den Namen des deutschen Reichskanzlers für die Stadt. Bismarck florierte schnell durch den Eisenbahnbau. Als die Bevölkerungszahl in North Dakota anwuchs, wurde Bismarck im Jahr 1883 zur Hauptstadt des Territoriums North Dakota bestimmt. Im September des gleichen Jahres begannen die Stadtväter mit der Grundsteinlegung für das Kapitol, den Regierungs- und Parlamentssitz. Die Stadt war für diese Feier festlich geschmückt, die Mainstreet zeigte sich im besten Licht. Doch der Standort für das Kapitol befand sich weder nahe der Hauptstraße noch zumindest am Stadtrand, sondern über eine Meile entfernt auf einem Hügel. Der britische Jurist und Historiker Lord James Bryce, der an den Feierlichkeiten teilnahm, fragte verwundert, warum das Kapitol außerhalb der Stadt liegen sollte und ob man vielleicht einen großen Park um das Kapitol plane. Die Antwort der Stadtherren verblüffte den Europäer und verdeutlicht nur allzu sehr das Selbstbewusstsein im Wilden Westen. In der Zukunft, so die Verantwortlichen, werde das Kapitol im Stadtzentrum stehen. Es werden mehr und mehr Siedler in die Stadt kommen, die sich um das Kapitol ansiedeln und Bismarck zu einem bedeutenden Zentrum aufblühen lassen werden. Die Menschen in Bismarck vertrauten mehr als alle Europäer und Amerikaner an der Ostküste auf die Zukunft und planten ihre Stadt in der Zuversicht auf ihr schnelles Wachstum.

Voll von dieser Zuversicht kamen zwischen 1877 und 1887 weitere 4,5 Millionen Siedler in den Westen und stampften Städte wie Bismarck, North Dakota, Lincoln und Omaha, Nebraska, und Sioux Falls, South Dakota aus dem Boden. Sie bebauten das Land entlang der Eisenbahnlinien und begannen, die ehemals dürren Prärien und Savannen zu bewirtschaften.

Der Großteil dieser Menschen kam aus Irland, Deutschland, Polen, Russland und den skandinavischen Ländern. Sie vermischten sich mit alteingesessenen Amerikanern, amerikanisierten

Mexikanern, sesshaften Indianern, chinesischen Arbeitern und ehemaligen Sklaven aus den Südstaaten. Der Westen der USA war in dieser Zeit ein Melting Pot mit babylonischer Sprachenvielfalt und kultureller Diversität.

In der Westernstadt

Die meisten Westernstädte entstanden aufgrund von nahen Gold- und Silberminen oder als Verkehrsknotenpunkt der Eisenbahn beziehungsweise entlang der Strecken der Viehherden. Die meisten wurden immer nach demselben städteplanerischen Muster angelegt. In der Mitte der Stadt verlief die Mainstreet, die Hauptstraße, die in ihrer Verlängerung an beiden Seiten aus der Stadt hinausführte und in die Überlandstraße überging. In vielen Städten war sie so breit angelegt, dass eine Postkutsche oder ein Planwagen auf ihr wenden konnte. Besonders breite Hauptstraßen finden sich in den großen Rinderstädten wie Abilene, denn hier wurden die Viehherden mit tausenden Rindern durch die Stadt getrieben.

In der Mitte der Hauptstraße führte normalerweise im rechten Winkel eine Art zweite Hauptstraße ab. An dieser Straßenkreuzung befanden sich alle wichtigen und gemeinnützigen Gebäude, die dadurch einfach zu erreichen waren: das Büro des Sheriffs mit dem Gefängnis, der Saloon, die Schmiede, der Drugstore, die Gemeindeverwaltung und das Telegrafenamt. Hinzu kam eine Haltestelle für die Postkutsche und außerhalb des Zentrums gegebenenfalls ein Bahnhof. Die Schienen verliefen dabei stets parallel zur Hauptstraße. Kirchen, Schulen und Friedhöfe wurden auch meist außerhalb des Stadtkerns angelegt.

Das Zentrum des gesellschaftlichen Lebens bildete der Saloon, der immer dann sehr schnell eröffnete, wenn sich aufgrund des Goldrauschs oder der Viehwirtschaft Menschen niederließen. Schnell zimmerten die Saloonbetreiber einige Bretter zusammen und schmückten das Gebäude mit einer übertrieben großen Fassade, die den Männern in der Abgeschiedenheit des Ortes Luxus und Eleganz, und damit Zivilisation bieten sollte. Die Innenausstattung diente dem gleichen Zweck. Daher war gerade der Thekenbereich meist überladen, geradezu barock verziert. Hinter der Theke befand sich ein Spiegel, der den Raum vergrößerte und den Blick der Gäste auf die angebotenen Spirituosen lenken sollte. An der Seite der Theke standen Spucknäpfe, denn fast jeder Saloonbesucher kaute Tabak.

Indianern war es gesetzlich verboten, den Saloon zu betreten. Dies galt nicht für Chinesen, für die es aber dennoch gefährlich war, im falschen Moment im Saloon zu sein. Oftmals wurden sie von der trunkenen Menge angepöbelt und schließlich Opfer einer Gewalttat. Vor allem nach dem Bürgerkrieg kamen immer mehr Afroamerikaner in den Westen, die auch in den Saloons geduldet wurden, wenn sie zu einer bestimmten Cowboy- oder Goldsuchergruppe gehörten.

Aus unzähligen Filmen kennen wir bestimmte Stereotype und Charaktere, die immer wieder in Western auftauchen. Hierzu zählen der Sheriff, der Marshall, der Richter, der Barkeeper, die Animier-

Die neuen Siedler machten im Westen das Land urbar. Sie rodeten die Wälder, bestellten die Äcker, pflanzten Obst und Gemüse und bauten nicht zuletzt ihr eigenes Heim. Laut Frederick Jackson Turner machte dieser Prozess die europäischen Siedler erst zu richtigen Amerikanern.

damen des Saloons und der Leichenbestatter. In der sengenden Mittagssonne einer Westernstadt lungert der betrunkene Mexikaner genauso wie der verarmte Taugenichts auf der Straße, der Hufschmied beschlägt ein Pferd und ein Laufbursche trägt die neuesten Telegramme aus. Hin und wieder ist in einer Westernstadt sogar ein exzentrischer Engländer anzutreffen, ein deutscher Bierbrauer oder ein geldgieriger, gut gekleideter Geschäftsmann aus dem Osten, der eine Gruppe Revolverhelden um sich schart.

Der Gesetzeshüter, der innerhalb einer Stadt für Gesetz und Ordnung sorgen sollte, war der Marshall – nicht zu verwechseln mit den späteren US-Marshalls, die bundesweit agierten. Seine Befugnisse endeten an der jeweiligen Stadtgrenze. Angestellt und bezahlt wurde er von der Stadtver-

waltung. Ein Bewerber qualifizierte sich für das Amt des Marshalls, wenn er Mut und Durchsetzungsvermögen besaß und so für Ruhe in der Stadt sorgen konnte, sein Vorleben spielte nur eine untergeordnete Rolle. Viele Revolverhelden, die andernorts aufgrund eines Verbrechens gesucht wurden, übernahmen dieses Amt und wechselten damit gewissermaßen die Seiten. Neben der Aufklärung von Straftaten musste ein Marshall unter anderem auch die Steuern der ortsansässigen Bewohner eintreiben. In größeren Städten waren ihm häufig noch ein oder mehrere Hilfsmarshalls unterstellt.

Im Gegensatz zum Marshall war der Sheriff für einen ganzen County, also einen Landkreis, zuständig und wurde meist durch eine öffentliche Wahl auf zwei bis vier Jahre bestimmt. Ähnlich wie der Posten als Marshall war auch die Anstellung als Sheriff sehr begehrt, obwohl das Amt in den Zeiten des Wilden Westens durchaus ein tödliches Risiko barg. Sein Aufgabenbereich ging über den des Marshalls hinaus. Ihm war beispielsweise die Oberaufsicht über die Vollstreckung von Urteilen übertragen, was bedeutete, dass er in einigen Fällen auch als Henker tätig werden musste. Allerdings erhielt er für jede Festnahme eine Prämie, einen prozentualen Anteil an den eingesammelten Steuern und ein nicht unerhebliches Gehalt.

Hinter den Marshalls und Sheriffs standen die Richter, die aber keinesfalls studierte Juristen, sondern Laien waren, die mit gesundem Menschenverstand und nach ihrem Gerechtigkeitsempfinden entschieden. Geurteilt wurde nur an sogenannten Gerichtstagen, zu dem die Richter anreisten, um die Prozesse zu leiten. Allerdings war die selbst-

Auch wenn die gesellschaftlichen Geschlechterrollen im Westen nicht mehr dem Dünkel des Ostens entsprachen, blieb dennoch die Kindererziehung – fern von den Schulen und ersten Kindergärten des Ostens – in den Händen der Frauen.

Die mondäne Ausstattung der Saloons brachte europäisches Flair in den Wilden Westen. Vor dieser Kulisse trafen sich die Pioniere und Glücksritter, die aus den verschiedensten Teilen der Welt stammten.

bewusste Bevölkerung des Wilden Westens meist der Ansicht, dass sie keine auswärtigen Richter bräuchte, und das Gesetz besser selbst durchsetzen könnte. Oft führte diese Einstellung zu Gerichtsverhandlungen, die im Saloon abgehalten wurden, und zu Urteilen, denen keine offizielle Rechtsprechung zu Grunde lag. Ein besonders skurriles Beispiel stellt Roy Bean dar, der in den 1880er Jahren einen Saloon in Texas eröffnete und sich selbst zum Richter ernannte mit dem Anspruch, dass er es sei, der das Gesetz westlich des Rio Pecos vertrete. Durch seine weisen Urteile wurde er von den Menschen in seiner Umgebung, die in Streitfällen Rat suchten, schnell anerkannt.

Eine der bekanntesten Strafen der Selbst- oder Lynchjustiz war das »Teeren und Federn«, das keine offizielle Strafe war. Im Westen griff man häufig zur Bestrafung kleinerer Vergehen auf diesen Rügebrauch zurück. Teer und Federn hatte man

schnell zur Hand: Mit Teer wurden die Häuser abgedichtet und Geflügel hielt man in jeder kleineren Stadt. Die Straftäter wurden dann mit dem flüssigen, heißen Teer übergossen und mussten sich anschließend in Federn wälzen. Schließlich wurden sie auf einem Holzblock aus der Stadt getragen. Das Teeren und Federn brachte allerdings keine großen Verletzungen mit sich und war keinesfalls tödlich. Im schlimmen Fällen konnte es jedoch zu Verbrennungen ersten und zweiten Grades kommen.

Die Städte des Wilden Westen wurden von Männern dominiert. Frauen traf man dort selten an. Der Frauenanteil der Bevölkerung lag in der Mitte des 19. Jahrhunderts in Kalifornien zum Beispiel bei etwa zehn Prozent. So ist es auch zu erklären, dass sich oftmals Männer ihre Frauen per Heiratsannonce aus dem Osten kommen ließen. Obwohl es an Frauen mangelte, gab es dennoch einige bekannte Persönlichkeiten, die ihren Platz in der Geschichte

Calamity Jane

Calamity Jane wurde 1848 in Missouri geboren. Sie wurde dafür berühmt, dass sie nicht das Verhalten einer Lady an den Tag legte, sondern sich wie ein Mann verhielt und häufig in Männerkleidung auftrat. Zudem trank und fluchte sie gern. Während sie mit ihrer Familie 1865 von Missouri in einem Treck nach Montana zog, lernte sie, mit dem Gewehr umzugehen, zu jagen und zu reiten. Nach dem Tod ihrer Eltern nahm sie jeden Job an, um ihre sechs jüngeren Geschwister zu ernähren. So arbeitete sie in verschiedenen Saloons, als Postkutscherin sowie Fährtensucherin oder versuchte ihr Glück als Goldgräberin. Sie selbst arbeitete daran, ein bestimmtes Image von sich zu verbreiten. Ihr Leben ist von Legenden verschleiert, die teilweise auf wirklichen Geschichten beruhen, teilweise aber vollständig erfunden sind. Unklar ist auch ihr Verhältnis zu Wild Bill Hickok,

mit dem sie 1876 in Deadwood, South Dakota während der Goldhysterie auftauchte. In ihrer Autobiographie schilderte sie es als Liebesverhältnis. Ob sie tatsächlich mit ihm verheiratet war und die beiden sogar eine gemeinsame Tochter hatten, lässt sich nicht mehr aufklären. Obwohl Bill bereits 1876 erschossen wurde und Calamity Jane später den Texander Clinton Burke heiratete, ließ sie sich nach ihrem Tod im Jahre 1903 neben Wild Bill Hickok in Deadwood begraben. Mit Burke hatte sie eine Tochter, die 1887 zur Welt kam und die sie in die Obhut von Pflegeeltern gab. Aufgrund der vielen populären Geschichten, die in der Öffentlichkeit über sie kursierten, wurde sie im Osten als große Western-Heldin gefeiert. 1893 trat sie sogar in Buffalo Bill's Wildwest Show auf und zeigte dort ihr Können als Reiterin und Kunstschützin.

des Wilden Westens gefunden haben. Zu ihnen gehörten Calamity Jane und Belle Star, die Banditenkönigin des Wilden Westens.

Die klassische Rollenverteilung, wie sie in den Staaten an der Atlantikküste vorherrschte, gab es im Westen nicht mehr. Bereits unter den extremen Bedingungen der Überlandtrecks brach diese Rollenverteilung auf. Hier waren die Frauen gezwungen, Aufgaben zu übernehmen, die in Europa oder an der Ostküste nur von Männern übernommen wurden. Zwar blieb ihre Hauptaufgabe die Versorgung der Reisenden, dennoch betätigten sich viele Frauen auch handwerklich, lernten reiten und mit der Waffe umzugehen. So emanzipierten sich die

Frauen auf der Suche nach der Freiheit lange vor ihrer rechtlichen Gleichstellung.

Allerdings gelangten nur verhältnismäßig wenige Frauen in den Westen. Für sie gab es kaum traditionelle Aufgaben und Verhaltensnormen. Neben wenigen braven Farmerinnen, die ein religiöses und entbehrungsreiches Leben führten, und strengen Dorflehrerinnen bevölkerten hauptsächlich junge Frauen die Westernstädte. Sie arbeiteten als Animierdamen in den Saloons und verdienten sich ihren Unterhalt als Sängerinnen, Tänzerinnen und Prostituierte. Einige Frauen schlossen sich auch Banden an und zogen mit ihnen raubend durch den Westen.

Abhängig von den Rohstoffen wurden dennoch die meisten Städte im Westen aus Holz gezimmert. Es gab nur wenige Steinbauten.

Belle Starr

Myra Maybelle Shirley wurde am 5. Februar 1848 in Missouri geboren und genoss zunächst eine gute Ausbildung an der Missouri's Carthage Female Academy, einer höheren Schule für junge Damen. Zudem lernte sie Klavier spielen. Der gesamte Besitz und damit der Wohlstand ihrer Familie ging durch den Amerikanischen Bürgerkrieg auf einen Schlag verlo-

ren. Sie zogen daher nach Texas, um dort ein neues Leben als Farmer zu beginnen. Als ihr Bruder Bud bei den Guerillakämpfen in Missouri nach dem Bürgerkrieg ums Leben kam, geriet auch Belle auf die schiefe Bahn. Während eine Bande von Outlaws auf der Farm ihres Vaters in Texas Unterschlupf suchte, verliebte sie sich in Jim Reed, einen der Gesetzlosen. 1866 heirateten die beiden. Mit Jim verübte sie Raubüberfälle, stahl Pferde und beging vielerlei Straftaten. Über ihn lernte sie auch zwei weitere ihrer späteren Lebenspartner kennen: Cole Younger, mit dem sie eine Tochter hatte, und den geächteten Cherokee Sam Starr. Mit Sam Starr, den Belle nach dem Tod ihres Mannes Jim heiratete, zog sie sich immer wieder in das Indianer-Territorium zurück, wo die Cherokee seit der Umsiedlung in den 1830er Jahre lebten. Von Zeit zu Zeit führten sie Raubüberfälle durch, verbrachten aber die meiste Zeit in ihrem Versteck, das sie »Younger's Bend« nannten. Dort fanden auch andere Ganoven, wie zum Beispiel Jesse James, für mehrere Monate Unterschlupf. Nachdem sie zusammen mit Sam zu einer Gefängnisstrafe von neuen Monaten verurteilt wurde, distanzierte sie sich von ihrem zweiten Gatten. Sam starb 1886 bei einem Duell, und Belle Starr zog weiter durch den Wilden Westen. Sie ging neue Partnerschaften ein und verübte weitere Raubüberfälle. Am 3. Februar 1889 wurde sie auf dem Weg zum »Younger's Bend« hinterrücks von einem Unbekannten erschossen. Bei ihr, wie bei vielen anderen Persönlichkeiten aus dem Westen, setzte schnell eine Verklärung ihrer Lebensgeschichte in der Öffentlichkeit ein, die sich wenige Jahrzehnte später auch in Verfilmungen ihres Lebens niederschlug. Bis heute wird sie in Büchern und Filmen als »Banditenkönigin« des Wilden Westen dargestellt, die es nie lange an einem Ort aushielt.

Mit der Postkutsche unterwegs

Bevor die großen Eisenbahnlinien die Städte im Westen mit dem Osten verbanden, war es wesentlich aufwändiger, zu reisen und Gegenstände oder gar Geld zu transportieren. Politiker wie Unternehmer versuchten in der Mitte des 19. Jahrhunderts, dieser Situation Herr zu werden und aus ihr wirtschaftlich Kapital zu schlagen. Ständig wurde die Idee einer transkontinentalen Eisenbahn diskutiert, doch bevor dieses Unternehmen in die Tat umgesetzt werden konnte, bestimmten andere das Kommunikation- und Transportwesen des Wilden Westens.

Um die endlos wirkende Distanz zwischen West und Ost zu überbrücken, wurden anfangs lediglich Pferde benutzt. Für Passagierreisen kamen sehr bald Pferdekutschen hinzu. Dies ermöglichte auch Ortsunkundigen die Reise in den Westen. Mit einer

Pferdekutsche war den Passagieren eine staubige, manchmal aufregende und durchaus unbequeme Reise garantiert. Viele Passagiere wurden auf der Fahrt »seekrank«, da die Federung der Kutsche ein ständiges Schaukeln verursachte. Mit der Postkutsche reisten aber nicht nur Passagiere, es wurden auch Briefe, Gepäck und Geld in den Westen transportiert. Damit waren sie für geldgierige Banditen ein lukratives Ziel. Während der ganzen Reise be-

stand also ständig die Gefahr, von Indianern oder Banditen überfallen zu werden. Daher fuhr neben dem Kutscher oft auch ein bewaffneter Begleiter mit.

1852 gründeten Henry Wells und William George Fargo in San Francisco die Wells Fargo Company, deren rote Postkutschen ab 1855 bald überall im Wilden Westen unterwegs waren und das historische Bild dieser Zeit mit prägten. Die Wells Fargo

In den Western Hollywoods werden die Postkutschen des Westen häufig für eine Action-Sequenz vor imposanter Kulisse eingesetzt.

Die rote Postkutsche der Wells Fargo Company war überall im Westen zu finden. Sie transportiere Passagiere, Post und nicht selten Armeegelder. Daher waren sie ein beliebtes Ziel für Raubüberfälle.

Company profitierte vom Goldrausch in Kalifornien, der in den Jahren 1848/49 losgebrochen war und noch immer tausende Menschen nach Kalifornien lockte. Ihre Briefe und Päckchen und nicht zuletzt sie selbst mussten über riesige Entfernungen befördert werden. Darüber hinaus errichtete das Unternehmen einen Postexpressdienst auf dem Wasserweg zwischen New York und San Francisco, der von der Ostküste durch den Golf von Mexiko und über den Isthmus von Panama an die Pazifikküste führte.

Ursprünglich als Konkurrenz zur Poststrecke der Wells Fargo Company gedacht, gründete John Butterfield 1858 den Butterfield Overland Mail Service, der bis 1861 existierte. Er sollte die Post reibungslos zu Lande über den Kontinent zustellen. Butterfield entwarf eine Strecke von Tipton, Missouri über Tucson, Arizona und Los Angeles bis nach San Francisco und schickte am 17. September 1858 seine erste Postkutsche in Richtung Westen los. Innerhalb von 24 Tagen passierte sie auf 4500 Kilometern 165 Haltestellen, wo Kutscher und Pferde gewechselt wurden, und erreichte am 10. Oktober San Francisco. Durchschnittlich legte

eine Kutsche dieser Route beachtliche 190 Kilometer am Tag zurück. Butterfield gelang es zunächst, der Schiffslinie der Wells Fargo Company die Stirn zu bieten, ab 1861 musste er sich aber der zunehmenden Konkurrenz durch die transkontinentale Telegrafenlinie geschlagen geben. Daher verkaufte John Butterfield den Butterfield Overland Mail Service schließlich an die Wells Fargo Company.

Mit dieser Postkutschenlinie besaß die Wells Fargo Company nun für einige Jahre die einzige Überlandverbindung von Ost nach West. Als 1869 schließlich die transkontinentale Eisenbahn fertiggestellt war, lohnte sich diese Linie auch für Wells Fargo nicht mehr und wurde eingestellt. Das Unternehmen änderte sein Konzept und konzentrierte sich fortan auf eine Zusammenarbeit mit den Eisenbahngesellschaften. Die Postkutschenlinien verbanden nun die Siedlungen, die nicht an einer der Eisenbahnlinien lagen, mit den nächstgelegenen Bahnhöfen. Zudem übernahm sie für die Eisenbahn den Transport von Löhnen und Gehältern in Panzerwagen. Dadurch erarbeitete sich die Wells Fargo Company den Ruf, das sicherste Transportunternehmen in Amerika zu sein.

Noch heute wird in Tombstone, Arizona das berühmteste der Duelle im Wilden Westen nachgestellt. Nachdem die Silberminenstadt Tombstone beinahe ausgestorben war und zur Geisterstadt verkam, agierte die lokale Tourismusbranche. Tombstone wurde zu einem Freilichtmuseum ausgebaut, in dem Millionen von Besucher nun dem Duell zwischen den Earps und den Clantons live beiwohnen können.

Das Duell am O. K. Corall

Das Leben im Wilden Westen spielte sich nicht nur an der Siedlungsgrenze, sondern auch an der Grenze zwischen Gesetz und Gesetzlosigkeit ab. Die offene Prärie und die unerforschten Berge boten einen idealen Schutz für Banditen und Outlaws, die sich zuhauf im Westen herumtrieben. Oftmals waren die Gesetzeshüter machtlos, und viele Bewohner entschlossen sich dazu, selbst für Gerechtigkeit zu sorgen – ebenfalls ohne auf das Gesetz zu achten. Gewalttaten waren im Westen an der Tagesordnung. Eine besondere Form der Genugtuung war das Duell, das seine Ursprünge in der aristokratischen Südstaatenkultur hatte, im Westen aber entritualisiert und ohne Regulierungen ausgeübt wurde. Zwei Männer standen sich gegenüber, fixierten sich lange und zogen schließlich ihre Revolver, um den Gegner zu erschießen.

Eines der berühmtesten Duelle fand in Tombstone am O. K. Corall gleich zwischen mehreren Personen statt. Einer der Beteiligten war John Henry Holliday, besser bekannt als Doc Holliday. Er hatte in den frühen 1870er Jahren Zahnmedizin am Pennsylvania College studiert und praktizierte einige Zeit als Zahnarzt in Atlanta. Als er erfuhr, dass er an Tuberkulose erkrankt war, entschloss er sich, in den Westen zu gehen. Er hoffte, dass das trockene Klima ihm gut tun und die Krankheit vielleicht eindämmen würde. Im Westen vernachlässigte er jedoch seinen Beruf als Zahnarzt und verfiel dem Glücksspiel wie dem Alkohol. Er zog durch die Gegend und war oft dort anzutreffen, wo gerade eine neue Goldhysterie ausbrach oder sich nach dem Cattle Trail die Cowboys amüsierten. Im Westen schloss er auch Freundschaft mit dem Revolverhelden Wyatt Earp. 1880 folgte er ihm nach Tombstone, Arizona, einer kleinen Minenstadt, die wenige Jahre zuvor gegründet worden war und gerade aufblühte. In Tombstone wurde Holliday in den Konflikt der Earps mit den Clanton-Brüdern und ihren Leuten hineingezogen. Angefangen hatte alles im Jahr 1880 mit einer Reihe von Postkutschenüberfällen, die Wyatt Earp mit seinen Brüdern, Doc Holliday und der Clanton-Familie zusammen durchgeführt hatte. Um den Verdacht gegen sich zu entkräften, lenkte Wyatt Earp die Spur auf die Clantons, die wiederum die Earps beschuldigten. Die Situation in Tombstone wurde immer angespannter, und beide Seiten warfen sich schließlich gegenseitig verschiedene Verbrechen vor. Die Earps, die alle Deputy Marshalls waren, beschimpften die Clantons und McLaurys als Viehdiebe und Banditen, die wiederum die Earps als rücksichtslose Geschäftsmänner betrachteten, die ihr Amt im eigenen Interesse missbrauchten.

Das Duell, das bis heute als das bekannteste im Wilden Westen gilt, dauerte nur 30 Sekunden. In dieser Zeit fielen etwa 30 Schüsse, und drei Menschen starben: die McLaury-Brüder und Billy Clanton. Doc Holliday, Morgan Earp und Virgil Earp wurden verwundet, Ike Clanton und Wyatt Earp blieben unverletzt. Was vor und nach diesen 30 Sekunden der Schießerei passierte, wurde bald in vielen und äußerst unterschiedlichen Versionen erzählt.

Später stellte ein Gericht fest, dass die Earps als Deputy Marshalls handelten und somit das Gesetz vertraten. Sie wurden von der Anklage auf Mord freigesprochen. In der Verklärung durch die Populärkultur werden die Earps und Doc Holliday stets als heldenhafte und mutige Gesetzeshüter gezeichnet, obwohl es keine eindeutige Zuordnung von Gut und Böse in dieser Auseinandersetzung geben kann. Die starke Polarisierung der Einwohner erschwerte schließlich zudem die Aufklärung der Frage, wer denn letztlich schuld an dem Konflikt und den Todesfällen war.

Und Doc Holliday? Er wurde ebenfalls mit den Earps freigesprochen, befand sich aber den Rest seines Lebens auf der Flucht vor der Rache Ike Clantons. Da Morgan Earp am 18. März 1882 noch wegen des Duells am O. K. Corall hinterrücks beim Billard spielen ermordet wurde, begleitete er Wyatt Earp zunächst auf seiner Vendetta durch den Wilden Westen. 1885 trennte sich Doc Holliday von Wyatt Earp, da dieser ihm zu blutrünstig geworden war. Schließlich kam der Doc in den Kurort Clenwood Springs, Colorado, weil sich sein Gesundheitszustand stark verschlechtert hatte. Am 8. November 1887 erlag er seiner Krankheit.

Bandenkriege

Die Kapitulation der Südstaaten beendete zwar den Bürgerkrieg, viele Veteranen fanden jedoch nicht wieder in ein friedliches, bürgerliches Leben zurück und zogen verarmt in kleinen Gruppen durch den Westen, überfielen Kutschen, Banken und Züge. Meist wurden sie durch einen regionalen Gesetzeshüter in die Gesetzlosigkeit getrieben, auch wenn die Moral auf ihrer Seite stand. Vor dem Gesetz galten sie als Verbrecher, die Gemeinschaft der Siedler an der Frontier war allerdings häufig anderer Meinung. Sie sahen in einigen Banden ehrenhafte Amerikaner, die sich von willkürlichen Gesetzen nicht

Jesse James beging mit seiner Bande den ersten Banküberfall nach dem Bürgerkrieg. Damit leitete er eine neue Epoche der Gewalt und Überfälle im Wilden Westen ein.

einschüchtern ließen und nun um ihr Ansehen und um ihr Recht kämpften. Viele Banditen hatten so schon zu Lebzeiten einen legendären und heldenhaften Ruf: Billy the Kid, Cole Younger, Jesse James und Bill Dalton.

Hinzu kam, dass es den meisten Banden gelang, große Unterstützung aus ihrem Umfeld zu erhalten. Sie entwickelten ein Netzwerk aus Verwandten und Freunden, das ihnen half unterzutauchen, sich zu verstecken, Warnungen und Verpflegung zu erhalten. Gerade die Blutsbande sind hierbei auffällig, denn die Gangs waren nicht zufällig zusammengewürfelt, sondern bestanden im Kern immer aus Brüdern und nahen Verwandten. Die Regionen, in denen solche Gangs aktiv waren, kannten die einzelnen Bandenmitglieder schon aus ihrer Kindheit. Daher sahen große Teile der Bevölkerung die Revolverhelden auch nicht als Kriminelle, sondern als einen der Ihren an. Banden ohne solche lokalen Bindungen waren daher in der Regel schneller wieder

verschwunden, weil sie sich nicht auf die Unterstützung und die Sympathie ihrer Umgebung verlassen konnten.

Eine der berühmtesten Banden im Wilden Westen war die James-Younger-Gang, die, angeführt von Jesse James, zwischen 1866 und 1881 unzählige Überfälle verübte. Im Kern bestand die Bande aus den Brüdern Jesse und Frank James sowie deren Cousins Jim, John und Cole Younger. Gemeinsam hatten sie im Bürgerkrieg in der Guerillatruppe »Quantrills Raiders« unter William Clark Quantrills gekämpft. Doch als sie aus dem Krieg nach Hause kamen, sahen sie sich mit neuen Problemen konfrontiert. Die Eisenbahn plante, eine Strecke durch ihr Gebiet zu bauen, und die Bewohner ihrer Heimat um ihr Land zu bringen.

Die Mitglieder der Bande stammten aus Missouri, wo auch nach dem Bürgerkrieg die Spaltung der Bewohner in die Unterstützer des Nordens und die des Südens bestehen blieb. Das Misstrauen untereinander war groß. Die neue republikanische Regierung versuchte mit aller Gewalt, die Kontrolle über die Bevölkerung zu behalten, und unterdrückte die mit dem Süden sympathisierenden Kriegsheimkehrer.

Um sich gegen die Eisenbahn und die Regierung der Nordstaaten zur Wehr zu setzen, verübten Jesse und seine Leute erste kleine Sabotageakte. Bald schrieb die James-Younger-Gang, wie sie sich bald nannten, Geschichte, als sie am 13. Februar 1866 in Liberty, Missouri den ersten Banküberfall bei Tageslicht in Friedenszeiten verübten. Berühmt über die Grenzen der Region hinaus wurde Jesse James durch den Überfall auf eine Bank, die Davies County Savings Association in Gallatin, Missouri. Auf der Flucht aus der Stadt erschoss James den Bankangestellten. Daraufhin setzte der Gouverneur von Missouri, Thomas T. Crittenden, eine Belohnung auf seine Erfassung aus und rückte ihn so ins Licht der Öffentlichkeit und machte ihn zum Outlaw.

In diese Zeit fällt auch der Anfang der Allianz zwischen James und John Newman Edwards, dem Herausgeber der Kansas City Times. Edwards hatte

Jesse James

Der »Robin Hood« unter den amerikanischen Outlaws, Jesse Woodson James, wurde am 5. September 1847 in Missouri geboren. Als er 13 Jahre alt war, brach der Amerikanische Bürgerkrieg aus und zog den jungen Jesse mitten in das Kriegsgeschehen. Schnell hatten die Nordstaaten Missouri, dessen Bevölkerung unentschieden über die Frage der Sklaverei war, unter ihre Kontrolle gebracht. Als die konföderierten Soldaten des Südens abzogen, bildeten sich einzelne Guerillatruppen, die den Nordstaatlern erbittert Widerstand leisteten und die Bushwackers genannt wurden. Zu einer solchen Truppe gesellten sich auch Jesse, sein Bruder Frank sowie einige seiner Cousins aus dem Younger-Clan. Gemeinsam verübten sie mehrere Massaker an Einrichtungen und Einheiten des Nordens. Auch nach dem Krieg kamen Jesse und seine Leute nicht zur Ruhe. Sie widersetzten sich weiterhin dem Norden, der in weiten Teilen Missouris nun als Besatzungsmacht wahrgenommen wurde. Aus diesen Kämpfen entstand die James-Younger-Gang, deren Anführer bald Jesse wurde. Um sich der Öffentlichkeit zu erklären, die ihm bereitwillig Unterschlupf gewährte, schrieb er Briefe, die von einer Zeitung veröffentlicht wurden. Nachdem ein hohes Kopfgeld auf ihn ausgesetzt wurde, waren seine Taten bald in aller Munde. Der Rückhalt in der Bevölkerung und die Tatsache, dass er bei Zugüberfällen immer nur den Tresor plünderte und nie die Reisenden, brachte ihm den Ruf ein, der »Robin Hood« des Wilden Westens zu sein, auch wenn er seine Beute nicht mit den Armen teilte. Allerdings erhielten seine Familie sowie Freunde und Bekannte, die ihn unterstützten, immer einen Anteil. Jesse James fand schließlich am 3. April 1882 durch Robert Ford, ein Mitglied seiner zweiten Bande, den Tod. Die meisten Bewohner des Westens reagierten geschockt auf den Tod von Jesse James, und viele glaubten es erst, als sie seine aufgebahrte Leiche sahen. Die Gesetzeshüter allerdings jubelten. Nach nahezu 20 Jahren war es gelungen, Jesse James das Handwerk zu legen.

Die Daltons

Eng mit der James-Younger-Gang verwandt waren die Dalton-Brüder, deren Mutter eine Tante der Youngers war. Vielen mögen die Dalton-Brüder als Bösewichte der Lucky-Luke-Comics bekannt sein. Doch ihr Zeichner und Erfinder hatte die »echten« Daltons, also Bob, Grat, Bill und Emmet Dalton, leichtsinnigerweise bereits 1951 in der Geschichte »Die Gesetzlosen« in Coffeyville, Kansas sterben lassen. Da die orgelpfeifenartigen Charaktere aber schnell sehr beliebt wurden, ließ er sie für eines der nächsten Abenteuer wieder auferstehen – doch dieses Mal als Joe, William, Jack und Averell Dalton, die »Cousins« der Daltons. Diese fiktiven Dalton-Brüder sind bis heute die Gegenspieler Lucky Lukes. Die historischen Daltonbrüder trieben in den 1880er und 1890er Jahren ihr Unwesen im Wilden Westen. Als ihr Bruder Frank, der fünfte Dalton, 1887 im Dienst als Marshall erschossen wurde, gerieten sie auf die schiefe Bahn. Sie überfielen Banken, stahlen Pferde und waren häufig in Schießereien verwickelt. Daher verbrachte Bill Dalton einige Zeit im Gefängnis. In der Zwischenzeit planten seine drei Brüder zusammen mit zwei anderen Revolverhelden, am 5. Oktober 1892 in Coffeyville, Kansas gleich zwei Banken auf einmal zu überfallen. Doch das waghalsige Unternehmen ging schief, und die Bande wurde gestellt. Die Daltons versuchten, sich den Fluchtweg freizuschießen. Doch während der Schießerei wurden ihre Kumpanen sowie Grat Dalton erschossen. Bob Dalton wurde so schwer verwundet, dass er noch am selben Tag starb. Emmett überlebte, wurde aber schließlich gefasst und zu einer lebenslangen Haftstrafe verurteilt. Im Jahr 1907 wurde er begnadigt. Auch Bill Dalton hatte nicht mehr Glück. Kaum aus dem Gefängnis frei, starb er im Jahr 1894 bei einer Schießerei.

Wie viele andere Westernhelden, strickte auch Emmett Dalton am eigenen Mythos. Als er entlassen wurde, verdiente er zunächst in Kalifornien sein Geld als Grundstücksmakler, kam aber später mit der neu aufkommenden Filmindustrie in Berührung und arbeitete dann als historischer Berater bei Westernfilmen. Darüber hinaus schrieb er den Roman Beyond the Law, der 1918 mit ihm in der Hauptrolle verfilmt wurde. 1931 erschien sein Buch When the Daltons Rode, das 1940 mit Randolph Scott in der Titelrolle in Szene gesetzt wurde. Doch Emmett Dalton erlebte die Verfilmung nicht mehr, er starb 1937 eines natürlichen Todes.

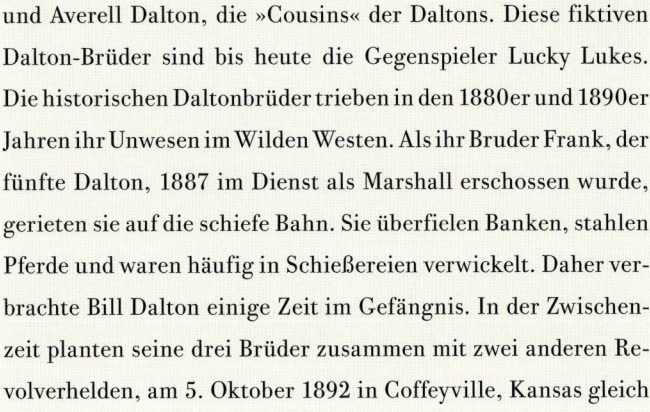

klare politische Ziele und befürwortete die Rückkehr der ehemaligen Sezessionisten, der Kämpfer für die Abtrennung der Südstaaten, an die politische Macht in Missouri. Sechs Monate nach dem Überfall in Gallatin, veröffentlichte Edwards den ersten von vielen Briefen, die er von Jesse James erhalten hatte. James wandte sich an die Öffentlichkeit und beschwor seine Unschuld sowie seine guten Absichten für die Sache der Südstaaten. Im Laufe der Zeit wurden diese Briefe immer politischer und diffamierten die republikanische Regierung der Nordstaaten-Sympathisanten. Mit der Hilfe Edwards' wurde Jesse James so zu einem Symbol des Widerstands gegen die Militärverwaltung nach dem Bürgerkrieg, die sogenannte Reconstruction. Eine Welle der Sympathie derjenigen, die im Bürgerkrieg auf Seiten des Südens gekämpft hatten, schlug ihm entgegen.

Mit Beginn der 1870er Jahre spezialisierte sich die James-Younger-Gang auf Eisenbahnüberfälle.

1874 engagierten die Zuggesellschaften schließlich die berühmte Pinkerton-Agentur, die erste private Detektei der USA, um den Raubüberfällen der Gang ein Ende zu bereiten. Die Pinkerton-Agentur war 1850 von Allan Pinkerton, einem schottischen Einwanderer, ins Leben gerufen worden. Im Bürgerkrieg waren sie maßgeblich in die Gründung des US-Geheimdienstes involviert und dienten zugleich als Leibwächter von US-Präsident Abraham Lincoln. Doch die Aufgabe, die James-Younger-Gang zu stellen, war selbst für diese erfahrene Detektei zu groß. Zwar gelang des den Pinkerton-Leuten, John Younger zu erschießen, doch wurden dann mehrere ihrer Mitarbeiter tot aufgefunden. Als die Agentur nicht Herr der Lage wurde, nahm sich Allan Pinkerton persönlich der Sache an. Er wusste um den politischen Hintergrund von Jesse James' Taten und engagierte nun seinerseits ehemalige Soldaten der Nordstaaten. Mit dieser Truppe überfiel er die Farm von Jesse James' Mutter, die dabei verletzt wurde, und tötete Jesses Halbbruder Archie. John Newman Edwards griff den Vorfall sofort auf und veröffentlichte in seiner Zeitung einen Artikel, in dem er Jesse James als ein Opfer der Regierung portraitierte.

Am 7. September 1876 führte die James-Younger-Gang ihren letzten und waghalsigsten Banküberfall durch. Sie planten, die First National Bank in Northfield, Minnesota zu plündern. Diese Bank wurde auch zum Ziel gewählt, weil sie eng mit ehemaligen Nordstaatengenerälen und Politikern der republikanischen Partei verbunden war. Vor allem der bei den Südstaatlern verhasste ehemalige General Benjamin Butler, der von den Konföderierten Beast Butler genannt wurde, stand der Bank nahe. Während Jesse und Frank James die Bank betraten, stand Cole Younger mit dem Rest der Bande vor dem Gebäude Wache. Als Anwohner den Überfall bemerkten und Alarm schlugen, brach Panik aus. Cole und einige andere schossen wild in die Luft, um die Leute einzuschüchtern. Doch aus allen Winkeln der umliegenden Häuser wurde nun das Feuer auf die Bande eröffnet. Zwei Mitglieder wurden tödlich getroffen, Bob Younger schwer verletzt.

Auf der Flucht trennten sich daher die James-Brüder von den drei Youngers. Während Jesse und Frank es schafften, zurück nach Missouri zu gelangen, wurden die Youngers gestellt und verhaftet. Jesse und Frank beschlossen nun, das Leben als Outlaws aufzugeben und sich mit ihren Frauen niederzulassen Während Frank sesshaft wurde, konnte Jesse seine Unruhe nicht zähmen und gründete 1879 eine neue Bande.

Der Startschuss zu seinem neuen Bandenleben fiel am 8. Oktober 1879 mit einem Eisenbahnraub in Missouri. In der nächsten Zeit folgten weitere Überfälle dieser Art. Doch es hatte sich etwas verändert: Die neue Bande war nicht so wie die alte, denn seine Gang bestand nicht mehr aus Familienmitgliedern, was den engen Zusammenhalt ausgemacht hatte, sie war zerstritten, keiner traute dem anderen. Und die regionale Bevölkerung gab ihnen keine Rückendeckung mehr, so wie sie es aufgrund der politischen Situation zuvor getan hatte. Nach internen Auseinandersetzungen wurden einige Bandenmitglieder gefasst. Die Gang schien zu zerbrechen, und Jesse James vermutete eine Verschwörung gegen ihn. Daher zog er sich schließlich unter falschem Namen mit seiner Frau und seinen Kindern nach St. Josephs, Missouri zurück. Einige Zeit später nahm er wieder Kontakt zu den ehemaligen Bandenmitgliedern Charly und Bob Ford auf und machte ihnen den Vorschlag, nach St. Josephs zu kommen. Mit ihnen wollte er einen letzten Überfall planen. Obwohl James inzwischen auch vorsichtig und misstrauisch geworden war, ahnte er nicht, dass er mit den Fords zwei Verräter in sein Haus gelassen hatte, die mit dem Gouverneur von Missouri, Thomas T. Crittenden, unter einer Decke steckten und es nur auf die Kopfprämie in Höhe von 10 000 Dollar abgesehen hatten.

Am 3. April 1883 hatten die drei gemeinsam in seinem Haus gefrühstückt, als Jesse James auf einen Stuhl stieg, um Staub von einem Bild zu entfernen. Dabei legte seinen Revolver ab. Robert Ford nutzte sofort diese Gelegenheit und erschoss Jesse James von hinten. Nach dem Mord stellten sich die beiden Brüder den Behörden. Zunächst wurden sie wegen ihrer Tat zum Tode verurteilt, dann aber schnell von Gouverneur Crittenden begnadigt und freigelassen. Von ihm erhielten sie auch das Kopfgeld, das allerdings nur einen Teil der ursprünglichen Summe umfasste. In den darauffolgenden Jahren verdiente sich Robert Ford seinen Lebensunterhalt, indem er für Fotografen als »der Mann, der Jesse James getötet hat« posierte. Zudem trat er in drittklassigen Theateraufführungen auf, in denen er mit seinem Bruder die Ermordung von Jesse James nachspielte. Er hatte sich Ruhm erhofft, musste aber erkennen, dass der Mörder des in der Bevölkerung so beliebten und verehrten Jesse James nicht Ruhm sondern nur Verachtung ernten konnte. Schließlich eröffnete er einen eigenen Saloon in Creede, in dem er am 8. Juni 1892 von Ed O'Kelley erschossen wurde, der sich nun seinerseits rühmte, »den Mann erschossen zu haben, der Jesse James getötet hat.«

Büffel, Tipi und Tomahawk

Kultur und Lebensweise der

Indianer Nordamerikas

Der Wilde Westen war für die eigentlichen Bewohner, die Indianer, keine Wildnis, sondern ihr ganz normaler Lebensraum. Seit Tausenden von Jahren lebten sie dort in Einklang mit der Natur, waren dabei untereinander aber auch Rivalen um die besten Weide- und Jagdgründe. Als die Wildnis im 19. Jahrhundert »zivilisiert« wurde, verloren auch die Stämme des Westens ihren Lebensraum, ihre Kultur und ihre Eigenständigkeit, genau wie die Stämme des Ostens durch die englischen Kolonien in den Jahrhunderten davor. Von den ehemals geschätzten zehn bis zwölf Millionen Indianern nördlich des Rio Grande waren am Ende des 19. Jahrhunderts nur noch etwa 230 000 am Leben.

Indianer wie Amerikaner mussten sich im Laufe des 19. Jahrhunderts auf die neuen Lebensumstände einstellen, wobei die indianische Kultur dabei fast völlig zu Grunde ging und erst jetzt, über hundert Jahre nach der Eroberung des Wilden Westens, erste Spuren einer Erholung aufweist. Diese Erholung drückt sich auch in einem neuen Selbstbewusstsein der Indianer aus. Bezeichneten sich im alle zehn Jahre durchgeführten Zensus der USA 1960 nur 523 000 aufgenommene Menschen als Indianer, so waren dies im Jahr 1990 bereits über zwei Millionen. Viele amerikanische Stars rühmen sich heute, auch indianische Vorfahren in ihrer Ahnenreihe zu haben. Auch das ist ein ausdrucksstarkes Zeichen eines neuen Stellenwerts.

Doch in der Vergangenheit sah das oft anders aus. Gerade zu Beginn der Entdeckung durch die Europäer, waren diese dem Irrglauben verfallen, dass es eine indianische Nation gab. Zu fremd waren sie ihnen in ihren Sitten und Bräuchen, in ihrer Religion, aber auch in ihren Anbaumethoden und ihrem Rechtsverständnis, dass sie die vielen Unterschiede kaum wahrnehmen, geschweige denn deuten konnten. Tatsächlich hätten die einzelnen Stämme unterschiedlicher nicht sein können. Es existierte schon allein eine Vielzahl von indigenen Sprachen, zu deren wissenschaftlicher Einteilung und Abgrenzung bis heute keine Einigkeit besteht. Daher lassen sich die nordamerikanischen Indianer am ehesten in Kulturregionen unterteilen, wenn man annimmt, dass einheitliche Umweltverhältnisse relativ homogene Kulturen hervorbringen. Neben den Kulturregionen Arktis, Subarktis und Nordwestküste, wird der Osten Nordamerikas in das Nordöstliche und das Südöstliche Waldland unterteilt. Die Plains, das Plateau, das Große Becken, Kalifornien und der Südwesten erstrecken sich über den Wilden Westen. Natürlich unterschieden sich die einzelnen Stämme und Völker der Native Americans auch innerhalb einer Kulturregion noch deutlich von einander. So gab es zu Beginn des 19. Jahrhunderts demokratisch organisierte Stämme mit Ältestenrat, Stammesrat und Ratsfeuer, die sogenannten »Five Civilized Nations«, aber genauso auch monarchisch strukturierte Stämme. Manche lebten von der Jagd auf Meerestiere, manche zogen als Nomaden über die Prärien und wiederum andere ernährten sich von Ackerbau und Handel. Im Laufe der Jahrtausende sollen sich einzelne Gruppen aufgrund von Gemeinsamkeiten wie Sitten, Riten, Tradition und ähnliche Dialekte und Sprachen zusammengeschlossen und Stämme gebildet haben. Viele Indianerstämme bestanden aber weiter aus kleineren Einheiten, sogenannten Unterstämmen, die ihre eigenen Gesetze und ihre eige-

SUBARCTIC

PLATEAU

Chinook

Bear's Paw Montana

Abenaki

NORTHWEST
COAST

Yakima

Oberer See

Huronsee

Birch Creek
1878

Wallowa
Lake

White Bird
Canyon 1877

Crow

Sioux

Ontariosee

Massachuset

Iroquois

Nez Perce

Little Bighorn

Rosebud 1876

Michigansee

Eriesee

Pequot

Pomo

Yellowstone

Black Hills

New Ulm 1862

Lenope

NORTHEAST

Dull Knife 1876

Wounded Knee

Miami

Powhatan

Shoshone

Cheyenne

Snake River

Platte

Milk Creek 1879

Arapaho

Pawnee

Shawnee

GREAT BASIN

Yosemite

Paiute

Ute

Arkansas

PLAINS

Ohio

Cherokee

CALIFORNIA

Colorado

Navajo

Monument Valley

Chumash

Grand Canyon

Canyon de Chelly
1864

Chickasaw

Adobe Walls
1864–1874

Salt River
Canyon 1872

Cibicu Creek
1881

Pueblo

Creek

SOUTHEAST

Atlantischer
Ozean

Apache Pass
1862

Apache

Comanche

Choctaw

Skeleton Canyon
1866

Natchez

Seminole

Pazifischer
Ozean

SOUTHWEST

Rio Grande

Golf von Mexiko

Die Flucht der Nez Percé

0 100 200 300 400 500km

Alltagsleben der Native Americans

nen Führer hatten. In Kriegszeiten, bei der kulturell wichtigen Büffeljagd sowie bei religiösen Riten und Festen fanden sich die Unterstämme zusammen und bildeten eine große Stammesgemeinschaft.

Der Anführer einer indianischen Gemeinschaft wird häufig als »Häuptling« bezeichnet. Nicht alle, aber viele nordamerikanische Stämme unterschie-

den dabei zwischen dem »Friedenshäuptling« und dem »Kriegshäuptling«. Das Amt des Friedenshäuptlings wurde meist vererbt. Er zeichnete sich stets durch Klugheit und Tapferkeit sowie Weisheit und Redegewandtheit gegenüber dem Großteil des Stammes aus. Ein Häuptling erzog daher seinen Sohn, der ihm einmal in dieses Amt folgen sollte, mit besonderem Augenmerk. Der Häuptling bekleidete auch das Amt des obersten Richters, der Urteile über Streitigkeiten in seinem Stamm fällte und die Verhandlungen mit anderen Indianern oder

Kulturregionen und Siedlungsgebiete der großen nordamerikanischen Stämme

Darstellung verschiedener indianischer Waffen und ritueller Gegenstände aus dem Jahr 1843.

den Vertretern der US-Regierung führte. Hatte der Häuptling in Friedenszeiten die oberste Befehlsgewalt, musste er sich in Kriegszeiten auch dem Kriegshäuptling unterordnen.

Das Amt des Kriegshäuptlings war nicht vererbbar. Ein Kriegshäuptling wurde nur in Krisenzeiten bestimmt und musste sich zuvor durch besondere Tapferkeit und geschickten Umgang mit Waffen ausgezeichnet haben. Seine Aufgaben umfassten sämtliche kriegsrelevanten Tätigkeiten: Planung von Angriff und Verteidigung, Einteilung von Wachposten, Festlegung von Lagerplätzen und Führung im Kampf.

Da viele Stämme in verschiedene kleine Gruppen zersplittert waren und jede Gruppe ihren Häuptling

hatte, bildeten sie Gemeinschaftsräte, an denen alle Häuptlinge teilnahmen und wiederum Oberhäuptlinge bestimmten. Je nach Situation konnte es dann mehrere oder eben nur einen Oberhäuptling geben. Beispielsweise hatte Sitting Bull in der Schlacht am Little Bighorn River die alleinige Befehlsgewalt über die Krieger der Lakota sowie über die Verbündeten. Je nach Stamm unterschied sich diese Hierarchie. So kannten die Apachen keine Oberhäuptlinge, sondern lediglich Häuptlinge, die die einzelnen Gruppen führten. Ein Gemeinschaftsrat, das heißt ein Dach, das alle Apachen unter einem Befehl vereint hätte, existierte nicht.

Eine weitere wichtige Rolle im Stammesleben nahm der Medizinmann ein, der neben dem Häuptling die herausragende Figur im Stammesalltag war. Seine Aufgaben beschränkten sich jedoch nicht nur auf das Heilen von Kranken und die Versorgung von Wunden, wie man aus dem Begriff schließen könnte. Er war vielmehr eine geistliche Person, die zwischen dem Jenseitigen und dem Diesseitigen vermittelte. Darüber hinaus war er eine Kultusfigur, die die Überlieferungen aus der Vergangenheit pflegte sowie die Einhaltung von Sitten und Traditionen überwachte. In indianischer Vorstellung stand der Medizinmann, wenn er sich in Trance versetzte, mit den Geistern der Ahnen in Kontakt. Er konnte daher böse Geister vertreiben, Wunden heilen und Vorhersagen treffen. Bei einigen Stämmen kam ihm auch die Aufgabe zu, sich um das Wetter zu kümmern, da auch dies mit der Geisterwelt verbunden war. Seine Heilkunst reduzierte sich allerdings nicht nur auf spirituelle Fähigkeiten, er war botanisch geschult und kannte die Heilkraft und Wirkung der verschiedensten Kräuter und Pflanzen.

Die Hauptaufgabe der männlichen Indianer bestand in der Jagd und der Kriegführung, auch die Stammespolitik und das rituelle Leben waren fest in männlicher Hand. Für besonders heldenhafte Taten wurden Indianer mit Adlerfedern ausgezeichnet. Je nach Anzahl und Beschaffenheit symbolisierten die Federn die Tapferkeit des Kriegers und seinen Rang. Ein großer Federschmuck bedeutete daher zugleich hohes Ansehen in der Gemeinschaft. Wollte sich ein Krieger für das Amt des Kriegshäuptlings empfehlen, so war es für ihn von großer Hilfe, den Federschmuck auf dem Kopf zu tragen.

Schon früh wurden bei Indianerjungen Geschicklichkeit und Gewandtheit gefördert. Sie sollten von der Kindheit an den Gebrauch von Pfeil und Bogen lernen, da diese Waffe im Mannesalter unentbehrlich war. Diese Bögen hatten eine Größe von etwa einem Meter, so dass sie auch von einem Reiter gut verwendet werden konnten. Die Pfeilspitzen bestanden aus kleinen, scharfen Steinen und später aus Eisen. Eine weitere übliche Waffe war die Lanze, die oft mit Biberfellen und Federn verziert war, und der Tomahawk, dessen eiserner Metallkopf von weißen Händlern ertauscht werden musste. Ursprünglich war der Tomahawk eher ein Werkzeug, entwickelte sich aber im Laufe der Zeit zu einer wichtigen Nahkampfwaffe. Zudem kam dem Tomahawk zeremonielle Bedeutung zu. Der Ausdruck »das Kriegsbeil begraben« um Frieden zu schließen kommt von der Tradition einiger Stämme aus dem Nordosten, die bei einem Friedensschluss die Tomahawks vergruben.

Bei fast allen Stämmen war der **Sonnentanz** eine der wichtigen, religiösen Zeremonien. Vor allem für die Indianer der Prärie bildete er die typischste und am weitesten verbreitete Form der religiösen Praxis. Er wurde im Frühjahr begangen, wenn sich die verschiedenen Untergruppen eines Stammes trafen, und dauerte vier Tage und vier Nächte. Teil des Sonnentanzes war die Selbstmarterung der jungen Krieger. Dieses Ritual wurde vor allem von den Cheyenne, den Mandan, den Arapaho und den Sioux zelebriert und bot den jungen Kriegern die Gelegenheit, ihren Mut und ihre Männlichkeit unter Beweis zu stellen. Nicht zuletzt war er ein Initiationsritus an der Schwelle zum Erwachsenwerden. Für manche war er auch ein Opfer, das sie den Geistern entgegenbrachten. Strenges Fasten, strikte Enthaltung von Speisen und Getränken, gehörten zu den Teilnahmevoraussetzungen. Bei den Tänzern wurden zwei parallele, senkrechte Schnitte in die Brust gemacht. Unter der Haut wurde ein kleiner Stock von dem einen Schnitt zum anderen hindurch gezogen, der mit einer Schnur an einer in der Mitte des Tanzplatzes stehenden Stange befestigt war. Die jungen Tänzer zogen nun mit ihren Oberkörpern so lange an der Schnur, bis der Stock zum Vorschein kam. Ziel eines Sonnentanzes war, durch die Qualen und Schmerzen in einen »todesähnlichen« Trancezustand zu gelangen. Dadurch konnten die jungen Krieger einen höheren Bewusstseinszustand erreichen, in dem sie Visionen erlebten. Diese Visionen gaben ihnen Antwort auf wichtige Lebensfragen, teilten ihnen die nächsten Schritte mit oder brachten neue Fragen mit sich. Durch die Teilnahme an einem Sonnentanz ging der Tänzer das Versprechen ein, mindestens vier Sonnentänze in seinem Leben zu absolvieren.

Navajo-Frauen im Indianer-reservat vor einem typischen »hogan«, einem mehreckigen Haus aus Lehmziegel.

Das typische Tipi der noma-dischen Prärie-Indianer. Es konnte leicht transportiert und aufgebaut werden und prägte unser Bild vom Leben der nordamerikanischen Indianer nachhaltig.

Den indianischen Frauen waren alle Aufgaben übertragen, die sich im täglichen Leben um Haus bzw. Zelt und Familie drehten. Allen voran die Nahrungszubereitung: Sie kümmerten sich um die Verwertung der Büffel und des Büffelfleischs, bestellten die Felder, holten die Ernte ein, sammelten Feuerholz und bereiteten die Speisen zu. Bei den Prärieindianern bauten sie die Tipis auf und richteten sie ein. Außerdem kümmerten sie sich um die Kinder und deren Erziehung. Sie lehrten die Kleinen sprechen und unterwiesen sie in der Religion des Stammes. Erst später wurden die Kinder von den Männern in der Kriegskunst unterrichtet.

Auch die Herstellung von Gebrauchsgegenständen lag im Aufgabenbereich der Indianerfrauen. Sie verarbeiteten das Büffelleder zu Kleidung, fertigten Töpfe und Körbe. Dabei entwickelten die Frauen mitunter besonderes Geschick: In einigen Stämmen wurde das Korbflechten zu einer besonderen Kunst, bei anderen das Töpfern oder das Weben von Decken, insbesondere von Satteldecken, wofür die Indianer häufig Zierperlen von den Pelzhändlern ertauschten.

Die gesellschaftlichen Strukturen waren patriarchalisch geprägt, die Frauen den Männern gegenüber untergeordnet. Auch bei den Indianern gab es nur wenige Frauen, die in der Öffentlichkeit in Erscheinung traten und Berühmtheit erlangten. Die bekannteste Indianerin ist sicherlich die Schoschonin Sacagawea, die bei der Lewis- und Clark-Expedition eine wichtige Rolle spielte.

Wohnformen in der Wildnis

So unterschiedlich die indianischen Stämme und die Regionen, in denen sie lebten, waren, so unterschiedlich waren auch ihre Behausungen. Diese waren in erster Linie abhängig von dem verfügbaren Baumaterial der Umgebung und ihrer Zweckmäßigkeit. Die sesshaften Stämme östlich des Mississippi River, wo es ausgedehnte Wälder gab, bauten kleine, stabile Häuser aus Holz; während die Nomaden der Prärien in den typisch indianischen Zelten, den Tipis, lebten, so dass sie leicht aufbrechen und weiterziehen konnten.

Ein Pueblo ist die typische Wohn- beziehungsweise Dorfform vieler Stämme aus dem Südwesten wie den Hopi und Zuni.

Das Tipi, ein Wort der Sioux für »Wohnung«, ist die bekannteste Behausung der Indianer und wurde hauptsächlich von den Indianern der Ebenen und Prärien verwendet. Es folgte einer einfachen Konstruktion und war leicht zu transportieren. Die Arbeit am Tipi war die Aufgabe der Frauen. Sie befestigten vier stabile Pfähle als Grundgerüst und banden sie oben zusammen, so dass das Tipi einen Durchmesser von vier bis acht Metern hatte. Nachdem diese vier Pfähle aufgestellt waren, befestigten die Indianerinnen weitere Latten am Grundgerüst, überzogen das Gerüst dann mit Büffelhäuten und

statteten es im Inneren mit Decken aus. Da sich in der Mitte eines Tipis eine Feuerstelle befand, richteten sie an der Zeltdecke spezielle Rauchklappen ein, die geöffnet und geschlossen werden konnten. Außen waren die Büffelhäute meist mit kunstvollen Symbolen und Zeichnungen verziert. Ein Tipi konnte in einer Stunde aufgebaut und in einer Viertelstunde wieder abgebaut werden. Dies war besonders wichtig, wenn ein Stamm schnell weiterziehen wollte. Um ein Tipi zu transportieren, wurden die langen Pfähle an den Seiten eines Pferdes befestigt und deren Enden auf dem Boden hinterher gezogen.

Stämme wurden dabei fest im Boden verankert und schließlich zur Mitte hin gebogen. Danach wurde das Gerüst mit weiteren Holzlatten verstärkt und mit Rinde dicht abgedeckt. Auch der Wigwam hatte im Inneren eine Feuerstelle, weshalb es, ähnlich dem Tipi, einen Abzug für den Rauch hatte.

Dem Wigwam ähnlich war der »wickiup« der Apachen. Das Grundgerüst bestand aus zur Mitte gebogenen Ästen, nur war er nicht mit Rinde bedeckt, da es in den Gebieten der Apachen kaum größere Bäume gab, sondern mit geflochtenem Gras aus der Steppe. Die benachbarten Navajo hingegen lebten in »hogans«. Dies waren achteckige Hütten von sechs Metern Durchmesser aus kleineren Baumstämmen und Lehm. Europäischen Häusern glich das Langhaus der Irokesen. Es hatte eine Länge von bis zu 50 Metern und beherbergte jeweils mehrere Familien derselben Sippe. Einige der Langhäuser hatten sogar eine Giebeldachkonstruktion, die der Zimmermannstechnik der Kolonisten und Europäer sehr ähnelte.

Da all diese Häuser entweder mobilen Charakter hatten oder aus verwitternden Materialien bestanden, überdauerten sie die Zeit nicht. Anders die Siedlungen der von den Spaniern Pueblo-Indianer genannten Ureinwohner der südlichen Gebiete. Sie umfassten mehrere, nicht zusammengehörige Stämme wie die Zuni, die Hopi, die Tanoan und die Keresan. Als die spanischen Eroberer im 16. Jahrhundert an den Rio Grande kamen, entdeckten sie riesige bis sechs Stockwerke hohe Dorfbauten, die aus terrassenförmig übereinander gestellten Häusern bestanden. Sie bezeichneten sie als Pueblo, was auf spanisch »Dorf« bedeutet. Die schachtelförmig übereinander gebauten Wohnstätten wurden aus Sandsteinplatten oder die für den amerikanischen Südwesten typischen Lehmziegel errichtet. Mit Leitern gelangten die Einwohner von der einen Plattform zur anderen, in die einzelnen Räume stieg man über Zugänge im Dach. Bei einem Angriff konnten sich die Pueblo-Indianer so hervorragend verteidigen, indem sie sich in ihr Pueblo zurückzogen und die Leitern entfernten. In einem Pueblo lebten mitunter mehr als tausend Indianer.

Religiöse Vorstellungen und Spiritualität

Die Kultur und Lebensweise der nordamerikanischen Indianer war durchdrungen von Spiritualität und dem Glauben an das Übernatürliche. Jedes Wetter und jedes Naturphänomen hatte religiöse

Daraus machten die Indianer häufig ein »travois«, um Kranke, Kinder oder Gegenstände zu transportieren. Der Eingang eines Tipi zeigte immer nach Osten, denn aus der Richtung des Sonnenaufgangs kam für die Indianer das Leben und die Weisheit.

Eine weitere, bekannte indianische Behausung ist der Wigwam. Dieser Begriff wird zwar häufig allgemein für indianische Häuser verwendet, wurde aber hauptsächlich von den Algonkin im nordöstlichen Waldland der USA gebaut. Der Wigwam ist allerdings kein Zelt, sondern eine kleine Hütte, die aus Baumstämmen errichtet wurde. Sie

Bedeutung, jedes Lebewesen und jeder Gegenstand hatte eine Seele. Herkömmlich wird angenommen, dass auch die Indianer einen monotheistischen Glauben hatten, und ihr Gott Manitu hieß. Tatsächlich glaubten die meisten Indianer nicht an eine Gottheit, sondern vielmehr an eine Art unpersönlicher, übernatürlicher Macht, die sich überall zeigen konnte. Diese Macht war gleichbedeutend mit der Natur und dem Leben selbst. Der Name Manitu entstammt der Sprache der Algonkin, die damit ebenfalls keinen Gott in Gestalt einer Person bezeichneten, sondern eine Macht, die alle Lebewesen umgab und die Natur durchdrang. Auch die anderen Stämme glaubten an ein ähnliches Konzept, bezeichneten es aber jeweils anders. Was für die Algonkin Manitu war, nannten die Apachen Yasastine, die Sioux Wakan, die Irokesen Orenda und die Crow Maxpe. Erst im Laufe des 19. Jahrhunderts zeigten sich Ansätze eines monotheistischen Glaubens. Durch die Christianisierungsversuche der Europäer veränderten sich manche Gottesvorstel-

lungen weg von einer übernatürlichen Kraft hin zu einer allmächtigen Person. Vor allem die Algonkin nahmen von den protestantischen Siedlern dieses Gottesbild an, weshalb schließlich auch das Wort für ihre Gottheit im Osten der USA wie in Europa als die Bezeichnung für den Gott der Indianer kolportiert wurde.

Eine andere Vorstellung der protestantischen Siedler aus Europa teilten die Indianer jedoch nicht. Die Annahme, dass sich die Menschen als Krönung der Schöpfung Gottes die Erde Untertan machen und diese besiedeln sollten, war den Indianern fremd. Sie verstanden sich in keiner Weise als überlegene Geschöpfe, sondern sahen sich als den anderen Lebewesen gleichwertig an. Sie jagten daher nie mehr Tiere, als sie Fleisch benötigten. Der Gedanke, Tiere zum Vergnügen zu erlegen oder die Jagd als Sport anzusehen, war ihnen gänzlich fremd. Die indianische Weltsicht beruht auf der Ordnung des Sein, der zufolge es auf keiner Ebene des Lebens und der Natur eine Über- oder Unterord-

as **Skalpieren** prägte das Bild der angeblich unmenschlichen und grausamen Indianer. Ursprünglich war es ein spirituelles Ritual, das auch nicht von allen Indianerstämmen begangen wurde. Beim Skalpieren wurde durch drei Schnitte die Kopfhaut eines Feindes mitsamt den Haaren vom Kopf abgetrennt. Die Indianer glaubten, dass sie so die Lebenskraft ihres besiegten Feindes erhalten würden. Es kam auch vor, dass lebenden Gegnern der Skalp genommen wurde, jedoch überlebten die Opfer dies nur selten, da sie beim Skalpieren zu viel Blut verloren. Der Skalp entwickelte sich zu einer Trophäe der Tapferkeit ähnlich der Adlerfeder und wurde an den Waffen, der Kleidung, der Lanze getragen oder am Zelt befestigt. Doch nicht nur die Indianer skalpierten ihre Feinde, auch einige Siedler an der Frontier übernahmen dieses Ritual. Vor allem in der Zeit der englischen Kolonien kam es vereinzelt dazu, dass die Gouverneure der Regierungen ein Kopfgeld auf die Indianer aussetzten und die Kolonisten dazu aufriefen, sie zu skalpieren. Dabei diente der Skalp als Beweis dafür, dass es sich um die gesuchten Personen handelte. Für viele Siedler wurde das Skalpieren so zu einer Einnahmequelle. Im Jahr 1837 riefen die Mexikaner dazu auf, die Apachen zu skalpieren und zahlten jedem, der einen Skalp brachte, die Summe von hundert Dollar. In den 1960er Jahren kam die Theorie auf, dass die Indianer das Skalpieren erst von den Europäern gelernt hätten. Hintergrund war, dass das eurasische Reitervolk der Skythen ebenfalls das Ritual des Skalpierens kannte. Es konnte aber weder nachgewiesen werden, ob die ersten europäischen Siedler von dem Ritual der Skythen wussten, noch wann und durch wen es weitergegeben wurde. Es gibt allerdings Belege dafür, dass das Skalpieren bei einigen Stämmen schon vor der Ankunft der Europäer gebräuchlich war.

Rituelle Tänze spielten in der Alltagskultur vieler Indianerstämme eine große Rolle. Durch die monotonen Rhythmen erreichten die Tänzer einen tranceähnlichen Zustand.

Die Friedenspfeife, auch Kalumet oder Heilige Pfeife, diente vielen Indianern zum Gebet. Darüber hinaus wurde sie zu Friedensschlüssen und Freundschaften geraucht.

nung gibt. Daher hatten sie Achtung vor dem Leben an sich. Und diese spirituelle Achtung galt auch für die Ernte und die Jagd. Aus dem Verständnis des gleichen Stellenwerts heraus, baten sie die Büffel vor der Jagd um Vergebung.

Bei den Plains- und Prärieindianer war der Glaube an ein Leben nach dem Tod fest verankert. Für andere gab es ein befristetes Weiterleben nach dem Tod, aber keine Ewigkeit. Die Indianer des Nordwestens glaubten an die Wiedergeburt, und die meisten sahen einen Ausgleich zwischen dies- und jenseitigem Leben. Die Vorstellung der »Ewigen Jagdgründe« jedoch stammt nicht von den Indianern, sondern ist eine Fremdbezeichnung der frühen europäischen Kolonisten. Da viele Indianer den schädlichen Einfluss der Totengeister fürchteten, versuchten sie, diese durch religiöse Rituale gnädig zu stimmen. Besondere Zeremonien und Grabbeigaben sollten diesen Zweck erfüllen. Auch unterschiedliche Arten der Bestattung waren gebräuchlich. Bei einigen Stämmen wurden die Toten auf Holzgerüsten aufgebahrt, bei anderen mit Steinen bedeckt.

Das bekannteste zeremonielle Symbol ist die Friedenspfeife, die zur Bekräftigung einer Freundschaft oder eines Friedensschlusses sowie zu Geschäfts- oder Vertragsabschlüssen geraucht wurde. Auch dieser Begriff stammt nicht von den Indianern selbst. Wörtlich übersetzt hieß die Pfeife bei den meisten Indianern die »heilige Pfeife«. Gebräuchlich ist auch der indianische Ausdruck »kalumet«.

Zum Rauchen der Pfeife gehörte ein bestimmtes Ritual, das bei fast allen Indianern Nordamerikas ähnlich war. Hierbei sollte der Rauch der Pfeife positive Energien anziehen und die bösen Geister verjagen. Während der Zeremonie wurde die Friedenspfeife von Norden nach Süden und von Osten nach Westen durch den Rauch von Süßgras und Salbei gezogen und danach in alle Himmelsrichtungen gehalten. Dann wurde sie angezündet und jeder Beteiligte machte vier Züge in die vier Himmelsrichtungen. Alle saßen dabei in einem Kreis und reichten die Pfeife nach dem Rauchen im Uhrzeigersinn weiter. Am Beispiel dieser Zeremonie zeigt sich auch das Bewusstsein der Indianer für das Ganzheitliche und den geschlossenen Kreis.

Die Ausrottung der Büffel

Als Lewis und Clark zu Beginn des 19. Jahrhunderts den Westen erforschten, konnten sie es nicht fassen, wie viele Büffel auf den Prärien weideten. Zu diesem Zeitpunkt waren es schätzungsweise 50 Milli-

onen Tiere. Neben Büffeln jagten die Indianer auch Bären, Hirsche, Truthähne und Elche aber in der sonst so kargen Prärie lieferten hauptsächlich die Büffel Nahrung und Material für viele Gebrauchsgegenstände.

Alles an den Tieren wurde für den Alltag verwendet. Aus den Fellen machten die Indianerfrauen Kleider, Kanus oder Decken für die Tipis. Die Knochen dienten als Pfeilspitzen, Waffen, Werkzeuge, Schneidegeräte und Geschirr. Aus Sehnen und Därmen entstanden Bogensehnen und Schnüre. Der Bison lieferte alles, was die Indianer zum Leben brauchten, und war für sie daher überlebenswichtig. Deshalb hatte er für viele Stämme auch religiöse Bedeutung und wurde in besonderen Ritualen verehrt. Vor der großen Büffeljagd hielten die meisten Stämme die Zeremonie des »Büffeltanzes« ab, während der die Krieger mehrere Tage und Nächte tanzten, um so die Büffel in ihre Nähe zu locken.

Schon bevor die Indianer das Pferd kannten, jagten sie Büffel. Allerdings war dies zu Fuß eine wesentlich schwierigere Aufgabe. Einige Jäger tarnten sich mit Tierfellen und schlichen so nahe an die Büffelherden heran. Sie schreckten die Tiere auf und trieben sie in Panik auf weitere Jäger zu, die sie schließlich mit Lanzen erlegten. Im 17. Jahrhundert änderten sich ihre Jagdmethoden durch die Verbreitung des Pferdes. Nun vereinfachte sich die Büffeljagd, blieb aber dennoch sehr gefährlich.

Die Indianer töteten immer nur so viele Tiere, wie sie für ihren Alltag benötigten. Als einige Stämme allerdings anfingen, die Büffel mit Gewehren zu jagen, erhöhte sich die alljährliche Jagdausbeute. Gleichwohl dezimierten sie die großen Herden nicht. Der Bau der Eisenbahn veränderte die Situation jedoch schlagartig. Um die Eisenbahnarbeiter ernähren zu können, stellten die Unternehmen Jäger ein, die tagsüber durch die Prärien zogen. Einige von ihnen entwickelten aus der Büffeljagd bald eine Art Freizeitvergnügen. Sie schossen nun Hunderte von Tieren am Tag, ohne das Fleisch oder die Knochen verarbeiten zu wollen. Der Komantschenhäuptling Santana beschwerte sich 1867 bei einem Offizier der US-Army über die Büffeljagden: »Ist denn der weiße Mann ein Kind, dass er so rückhaltlos die Büffel tötet ohne ihr Fleisch zu essen?« Tatsächlich aber hatte das Töten wenig mit kindischer Einfalt zu tun, vielmehr mit eiskalter Berechnung. »Tötet jeden Büffel, den ihr töten könnt! Denn jeder tote Büffel ist auch ein Indianer weniger«, rief Colonal Richard Dodge 1867 voller Zynismus zur Büffeljagd auf. Schließlich rotteten Teile der US-Army ganze Büffelherden aus, um die Indianer zu schwächen und sie schließlich so in die Reservate zu zwingen. Jäger wie Buffalo Bill, die für die Eisenbahn arbeiteten, wurden zu nationalen Berühmtheiten, weil ihnen nachgesagt wurde, Tausende von Büffeln an nur einem Tag erledigt zu haben. Zudem benötigte die wachsende Bevölkerung im Osten immer mehr Fleischvorräte, was zu weiteren Büffeljagden führte. Um 1890 lebten schließlich von ehemals 50 Millionen nur noch 550 Tiere. General William Tecumseh Sherman, der im Bürgerkrieg wie in den Indianerkriegen aufgrund seiner brutalen Vorgehensweise zu zweifelhaftem Ruhm gelangt war, rühmte die Ausrottung der Büffel in seinen Memoiren: »Dadurch dass wir in so kurzer Zeit die wilden Büffel durch zahme Rinderherden und die nichtsnutzigen Indianer durch rechtschaffene Besitzer von Farmen und Rinderhöfen ersetzt haben, konnten wir den Lebensstandard und den Wohlstand, den wir heute so sehr genießen, erreichen.«

Für die Prärieindianer waren die Büffel die Grundlage ihrer Lebensweise. Sie waren nicht nur Hauptnahrungsmittel, sie lieferten auch die Basis für viele Alltagsgegenstände.

Die Indianer töteten jeweils nur soviele Büffel, wie sie zum Überleben brauchten. Niemals waren sie maßlos, da ihnen bewusst war, dass sie auf die Tiere angewiesen waren.

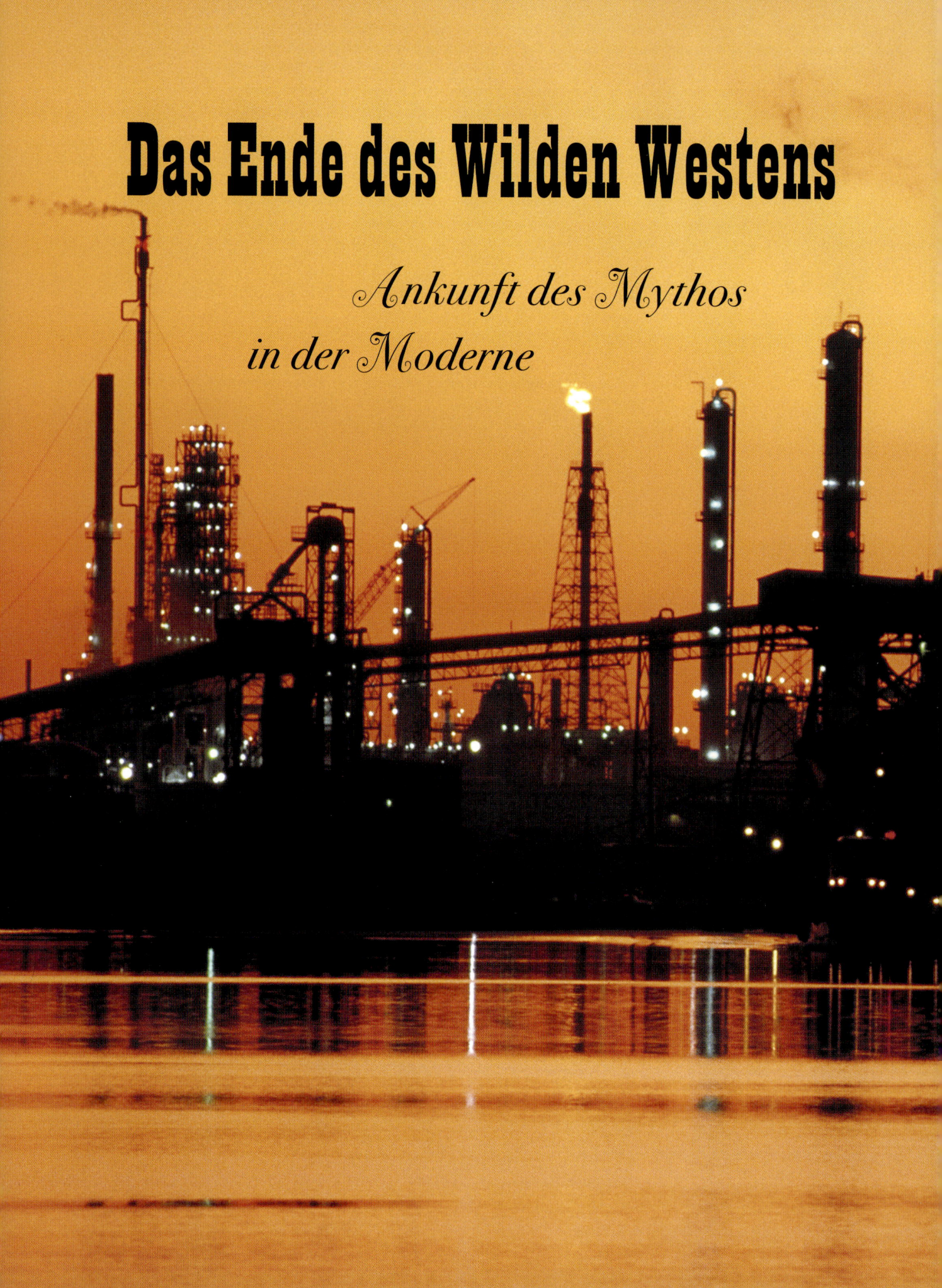

Das Ende des Wilden Westens

Ankunft des Mythos
in der Moderne